Investment

Investment

最強

散戶翻身
買股術

從10萬到1億的籌碼必修課

麥克連

著

contents

PART 1
看見財富重新分配的關鍵

PART 2

練就投資基本功——金之呼吸術

PART 3

致勝的基本操作方法

PART 4

傻瓜當沖法

PART 5

安心穩穩賺──聰明存股術

PART 6
不可不知的資產配置

PART 1

看見財富
重新分配的關鍵

01 讓交易和呼吸一樣自然

　　幾年前我開始做線上訂閱及教學,接觸到不少投入股市的朋友,發現不少人對股市沒有基本概念就投入,這其實是有風險的。尤其在股票下跌時,常有同學不理解的問:「為什麼某檔股票今天跌?」當我深入詢問,才明瞭原來他們對買賣股票的位置、均線、價量關係等股市基本知識都不懂。

　　我們都知道,取得大學文憑要花四年時間,假設你進入商學院就讀,要修完統計學、會計學、經濟學、財務管理等必修,再加上選修,要讀幾十個科目,才能畢業,出社會、找工作。

　　如果沒有經過這四年的學習和養分,一下子將你丟到某個職場,對專業不熟悉、可能因此無法掌握工作內容,你會做得

戰戰兢兢，更有可能跌得頭破血流。

　　進入股市也是一樣的道理，要學習相應的知識和技巧，並確認自己適合哪一種交易屬性，是存股？買飆股、賺價差？還是當沖、隔日沖？每一種買賣都有不同的投資方式，勢必得花一些時間學習。至於學習時間長短，則要看個人的領悟能力以及經驗。

和鬼滅之刃學交易

　　2020 年 10 月台灣上映一部轟動日本的動畫電影《鬼滅之刃劇場版──無限列車篇》，當時也引起一股不小的風潮。後來，我看了《鬼滅之刃》動畫，對炭治郎拜師習武、成為鬼殺隊一員的過程，心有戚戚。

　　我先說說這部電影的豐功偉業，上映僅十天，票房就達到 107 億日元，成為日本影史上最快達到百億日元的電影。走紅程度超越多部知名動畫，如《神隱少女》《你的名字》《天氣之子》等。更突破《神隱少女》的記錄，成為日本影史上票房

冠軍。相信很多朋友都跟上《鬼滅之刃》風潮，有不少人也是粉絲。

《鬼滅之刃》的故事背景設定在日本大正時代（大約 1912年），主角是竈門炭治郎，他和家人在山上過著樸實、幸福的生活。家族是做炭業生意，父親過世後，身為長子的他顧養家的重擔。某日，他和往常一樣到山下賣炭，隔天清晨返家，卻發現家人被吸血鬼殺害。只有妹妹禰豆子一息尚存。只不過，她已經變成鬼。

鬼殺隊富岡義勇發現變成鬼的禰豆子，原本要斬殺她，在炭治郎的努力求情下，決定幫助他們。同時，引薦炭治郎拜鱗瀧左近次為師。

為了找到禰豆子變成人的方法，炭治郎決定加入「鬼殺隊」。不過，他必須通過鱗瀧師父的訓練及考驗。但，鱗瀧師父的訓練並不輕鬆，他要先接受包括：躲過陷阱、帶刀奔跑、練習揮刀等考驗後，才能練獨門祕技——全集中呼吸‧水之呼吸，共有十加一型的招式。

炭治郎經歷「好幾次都以為自己會死在半路上」的嚴格

訓練，才終於學會師父教導的所有劍術及呼吸法。然而，這並不是終點。最後，鱗瀧師父要求他要「劈開岩石」，才能取得「鬼殺隊」選拔的門票。他留下臨別贈言：「接下來就靠你自己，能否將我教的融會貫通，再加以昇華後」，就揚長而去。

經過一年半的自我訓練，加上已過世的學長錆兔與學姐真菰的協助，炭治郎才成功劈開石頭。後來，如大家所知的，他通過競賽，如願成為「鬼殺隊」的一員。

差點被鬼吃掉的交易心路

我對這段故事感受特別深刻的原因在於，曾經我也和炭治郎一樣，花了好多年時間，才終於找到適合自己的投資方式。所以，現在看到這麼多朋友連股市最基本的知識及技巧都不懂，就進入市場，真是替他們捏把冷汗。

2020 年 3 月台股一夕之間崩盤，跌到 8,523 點，又戲劇性的一路漲到 18,000 點。台股 V 轉，吸引不少股市小白紛紛投入市場，更造就不少年輕「股神」。這一波史無前例的 V 轉，

讓他們以為投資好像什麼都不用學，就能輕鬆獲利，甚至有不少年輕人在不了解股市的遊戲規則下，做起當沖或隔日沖。他們甚至不知道違約交割對自己的未來會造成怎樣的影響。

想當然耳，這一年多來，我常被朋友們問的各式問題驚嚇，如：股票上漲一大段了，才有朋友想進場，他們不明瞭追高的風險很大；有些人則是在股票下跌的第一天就問我：「老師我想要買，可不可以？」此時，我要花一番工夫和他們說明，在這個點位進場是危險的，這樣無異是去「接刀」；有人是沒做到停損，在股票下跌時想進場攤平等。

投資者貿然進入市場是很危險的。就像炭治郎，他若沒有向鱗瀧師父拜師學藝，只憑著一股想要替家人報仇的衝動心態就去殺鬼，最後的下場大家都能輕易猜到——他很快就會被鬼吃掉了。

其實，我也曾經差點被鬼吃掉。若不是在鬼門關前親自走過這一遭，也不會有如此深刻的體認。

那是 2008 年 5 月 20 日，我永遠記得這個慘痛的日子。那天是馬英九總統第一次當選總統的就職典禮，正當全民認真

聽著他的就職演說時，台股開始風雲變色。520 當天盤中最高來到 9,309 點，後來一路下殺 252 點。因為之前的操作太順利了，我沒有意識到那一根大黑 K 帶來多大警訊，還以為「沒問題啦！只是牛市回檔而已」。

不過，一開始我確實有停損，只是，兩、三天後看到股市止跌，又再跳下去買。股市一路下跌，我一路低接、停損、再低接、再停損，甚至想用期貨、選擇權扳回損失。

最慘的是，2008 年 9 月 15 日雷曼兄弟宣布破產，全球相繼掀起金融海嘯，台股再次下擋，跌到 3,955 點。不到半年，我就賠掉了五、六年來靠投資賺來的上億元。

最後，我只剩下 100 萬元。那一天，我知道若是再不停損，資金就要歸零。即使心裡再怎麼不甘願，也必須忍痛處理。

一堂 1 億元的課

過去的我，和絕大多數同學一樣，都是在懵懵懂懂之中開

始投資。1997 年我以當兵存下來的 10 萬元開始進入股市，初期也是聽明牌，確實也賺到了一筆錢，令我對投資感到興趣。2003 年從英國取得學位回台後，再靠著剩下的不到 10 萬元，加上向銀行信貸借來的 100 萬元，在股票、房地產等滾出 1 億元。

在這段過程中，我雖然有去上課、學習投資知識和技術分析，但是對待股市就像賭博，直到 2008 年的滑鐵盧，才痛定思痛改變自己的交易方式。這一堂 1 億元的課，我得到兩個深刻教訓：

❶ 我對自己過去成功的交易太有把握。不知道那時其實是運氣好，股市、房地產一路往上，才會持續獲利。一旦有重大事件發生，無法及時反應，以為只要因循過去的操作模式就可以。畢竟一路走來都很順遂，原來的方法應該不會錯。殊不知，經濟大環境已經改變了。

❷ 在股市下跌的過程中，不斷攤平。過去只要這麼做，都會把錢賺回來。「應該沒問題啊！」我如此告訴自己。然而，

這一次攤到最後卻是快要歸零。

　　對於這段慘痛經歷，我是抱著感恩的心，慶幸在還年輕時走過這一遭。後來，我又花五年時間賺回上億元。只是，這一次我不再憑靠運氣，而是運用方法及技巧，扎扎實實的獲利。這段過程如同炭治郎，是持續學習和內化的過程。

　　那時的我，不像現在的朋友如此幸運，有許多課程可以選擇；坊間也沒有那麼多投資達人的經驗分享。我是去上投顧招攬會員的課程，了解什麼是技術線型、均線、K棒等，再加上買書閱讀，慢慢建立正確的投資技巧及觀念。

　　「努力是要靠每天累積而來的，一天一點點成果也好。」炭治郎後來再度回到鬼殺隊受訓，他每天鞭策自己，要更努力，才能打敗鬼，並找到讓心愛的妹妹禰豆子變成人的方法。

　　透過這本書，我將自己如何判讀股市和多年來學習到的投資方法教給大家。當同學們熟悉這套技巧後，希望每一位都能如同炭治郎一般，將知識內化，找到最適合自己的交易模式。

02 市場變化及我交易的進化

　　在 2016 年出版第二本書以後，又隔了五年，我才決定出版第三本理財書。

　　市場上的變化很多，2020 年爆發的新冠肺炎（COVID-19）改變了全世界，也扭轉股票市場的交易邏輯。3 月美股大崩跌，十天四次熔斷，連股神巴菲特都說：「我活到 89 歲，從沒見過這種情況。」

　　美國聯準會（Fed）為了救市、兩度緊急宣布降息，將基準利率降至接近零，來到 2008 年金融海嘯爆發後的水準。同時，宣布收購美國公債與房貸擔保證券（MBS）每個月 1,200 億美元，重啟量化寬鬆（QE）資產收購計畫，替市場挹注資金活水，帶動股票市場交易熱絡。

台股和美股連動極深，美股漲勢強勁，台股在短短幾個交易日從一萬一千多點，跌到最低的 8,523 點，之後一路往上，出現讓投資達人跌破眼鏡的 V 轉。

2020 年是台股的轉折年，股市發生很大的質變，包括當沖、隔日沖盛行、內資取代外資等。台股的交易量也從過去的一至兩千億，放大到五至六千億。台股發生許多變化，投資者要如何因應？參考哪些資訊，作為買賣的判斷？我會在本書中一一說明。

股市小白迷當沖，個股波動大

近一兩年媒體討論最多的話題不外乎是「當沖」。這是受到之前沒有進入股市的年輕人開始操作股市所影響。年輕人沒有資金，喜好無本當沖，並成為去年以來台股不可忽視的一股力量。

2017 年政府開放當沖，券商公會有委員主張鼓勵當沖，並建議交易稅減半。這項政策有利活絡股市，不少人贊同，提出

可以先試行幾年，再來檢討。但當時全球利率仍在高檔，投資者可以購買高利率的商品多元，所以，當沖的誘因並不是很大。

　　隨著電腦及手機普及，2019 年下半年，部分銀行與證券商致力推廣交易電子化，像是手機下載 APP 就能輕鬆開戶及交易。簡便的手續，吸引不少年輕人利用網路開戶、手機下單。儘管線上開戶的交易金額一天最多只有 100 萬元，卻也符合他們可以運用的資金範圍。

　　去年 3 月股市跌到了 10 年線，加上美國 QE，世界各國央行跟著調降銀行利率，台灣央行也隨即跟進，替股市帶來新的機會，下列原因加在一起，出現了大量開戶潮。

　　一、台股短短幾個交易日跌幅高達 2000 多點，出現很低的買點。

　　二、利率變低，將錢放銀行或是買壽險保單無利可圖。

　　三、電子交易盛行，一些有金控背景的中小型券商祭出手續費 28 折等優惠。

根據證交所統計數據顯示，2020 年股市新開戶人數超過 67 萬人，較 2019 年的 34 萬人成長近一倍，創下歷史新高。30 歲以下投入股市的人數也變多，從五年前的 25.4％成長到 36.1％，開戶數多達 123 萬。

開戶後要怎麼投資？買什麼股票？年輕人喜歡上網爬文，不少網路論壇都在談論「無本當沖」，這對他們來說很有吸引力。這群從來沒經過股災、沒有投資經驗的新手進入市場，替股市帶來了新的面貌。

他們不懂電子產業，正好去年熱門投資標的和民生物資相關，如防疫概念股的毛寶、恆大、康那香等。受惠於疫情，有一波不小的漲幅，讓他們一進入市場，就嘗到甜頭。

其實，美國也是如此。封城、封校，年輕人無法謀職或被迫辭職，大學生無法到校上，又受惠於政府發放每人 1,400 美元紓困金，為股市挹注一筆充沛的資金。不少網路券商順勢推出交易免手續費，吸引年輕人進來買賣。

在投資時，比起主流媒體，他們更受論壇及網路名人影響，如 2021 年 1 月 GameStop 股價暴漲，就是典型美國股市年

輕散戶和華爾街對作的「世代之爭」。在台灣也有類似情況，例如 TDR 股之亂。

當沖的優點是能活絡市場資金、增加成交量。當媒體看到趨勢後跟進報導，吸引更多人進入市場；券商看準當沖風盛行，和市場所謂的投資達人合作，請他們協助推廣，當沖量就像滾雪球一樣，越滾越大。

證交所統計，2021 年台股第二季當沖占成交值比重約 44.2％，平均每日當沖戶數將近 20 萬戶。過去，台股每天的成交量約一至兩億，後來放大到三至四千億，現在一天的成交量來到了五至六千億元，也很稀鬆平常。

當沖的缺點，就交易面來說，會增加盤中股市的震盪，若是國際發生一些大事件，就會讓股市暴漲或暴跌，甚至一有個風吹草動，散戶一驚嚇、小賺一點，賣壓就會出籠。當股市的賣壓太大，會引發程式交易的再下殺，讓市場波動度更大。觀察 2020 年以來，盤中個股漲跌幅劇烈，個股一下漲停、一下跌停，增加了交易的難度。此外，個股被分盤處置，也是很普遍的現象。

此外，台股也容易出現一窩蜂現象，像什麼產業熱門，當日的成交量占比就會增加。2020 年 10 月以來航運股、原物料股起漲，散戶紛紛搶當「航海王」、「鋼鐵人」，航運股在台股的占比衝破歷史新高，達到六成以上，鋼鐵股也突破四成，這是台股史上從未見過的現象。

最傷腦筋的是，年輕人進入股市不熟悉遊戲規則，自恃可以犯錯，對於違約交割也不覺得是什麼大事。去年以來這類新聞層出不窮。他們沒意識到，若信用記錄有瑕疵，對日後有房貸、信貸、車貸等需求，恐怕審核不易，且再進入股市也會遇到無法開戶等現實狀況，這真的要特別留意。

盤中買賣零股，「一股」穩定股市的力量

另外，我觀察到，2020 年 10 月政府推出「盤中買賣零股」政策，對想要參與股市、資金不夠的年輕人來說，是不小的誘因，還成為穩定股市的一股力量。

有些工作幾年的年輕人，過去習慣將錢存在銀行或是買保

單，因利率降低，只好捨棄儲蓄和保單，或是保單到期後不再續約，將錢拿出來投資。他們想參與台股成長，或是擁有「護國神山」台積電。但現在台積電一張要 50 至 60 萬元，他們沒有這筆資金，只好以零股方式慢慢買進。每個月有存款就買十幾二十股，或是一百股、二百股。

存股族的買股邏輯是，股票跌越深、買越多。因此，當股市大跌兩三天，就會發現有買盤進去，尤其可以發現此時交易零股的人數變多。所以，現在只要股市一跌，就不太容易跌很久，幾天後就拉上去，造成 V 轉，與過去股市大跌要打第二支腳，才會止跌回穩的慣性，完全不同。若從周線，更能看出這個現象。這就是螞蟻雄兵的力量。

內資為重，投信撐盤

2020 年以來，台股還有一個現象，外資持續賣超台股，當年累計賣超 5,359 億，2021 年累計賣超 4,082.8 億元。儘管外資不斷賣股，台股指數還是漲不停，原因就是內資從去年開始

就主導了台股。

外資撤離台灣的其中一個原因，就是台股的權重持續被調降，被動型基金，如 ETF、政府基金、退休基金等，都是按照指數編纂公司 MSCI（明晟）的權重調整做買賣決定。這幾年和台灣競爭的中國權重持續增加，因此資金往中國挪移。

而外資賣的股票都被內資接走，首先是投信，去年上市櫃合計買超 534 億元，今年 7 月底前為 255 億元。這些錢主要來自民間，也就是台灣民眾的口袋。投信發基金會向市場募集，他們推出的產品多元，主要有兩類：

一、被動型 ETF

目前台股有超過一百檔 ETF，最知名的是 0050、0056，以及很夯的電動車、5G 概念 ETF。

二、主動型基金

投信推出各式主題的基金商品，都賣得很好，規模也變得越來越大。原因很多，包括市場資金充沛，還有集保發展「基富通」讓民眾購買基金變得容易，商品種類多元、手續費低，很具有吸引力。

以及壽險公司推出的商品，像富邦金、國泰金、台灣人壽等推出的投資型保單，投資效益不錯，壽險公司資金也大舉投入股市，還帶動金控業績在 2021 年創下歷史新高。最後是政府基金，包括勞退、勞保基金等紛紛錢進台股。

以內資主導的市場，讓台股終於可以不用再看外資臉色。當然，外資擁有龐大的資金，仍會影響指數漲跌，若是外資當天大幅賣超台股，指數一定跌。但是已經難以影響台股長期趨勢的漲跌。

所以，現在投資台股必須要觀察內資變化，尤其是投信的買盤。投信不太會操作大型權值股，他們偏好櫃買（OTC）中小型股，只要哪家公司被他們盯上，股價就會飆漲，如 2021 年 7 月大漲的金像電（2368）、晶豪科（3006）、金居（8358）、強茂（2481）、台半（5425）、朋程（8255）等。

另外，投資者還可以觀察每年 6 月、12 月投信作帳行情標的，我也會在書中陸續說明我如何選股，以及股票的買賣點。

傳產崛起，資金各半

參與股市多年的人也會發現，從 2020 年以後，台股不再是以電子為主導的市場。由於市場資金氾濫，引發通貨膨脹，原物料等應聲大漲。在 2019 年以前，投資人根本不會去買傳產股，現在必須改掉過去的想法，不能再只看單一產業，還要留意其他產業的興起。

其實從 2020 年下半年，已經可以嗅出端倪，傳統產業，包括航運、鋼鐵、紡織、塑化、造紙的成交量逐漸成長，甚至超越電子股。這一波傳產大漲不是沒有道理，疫情及通膨帶動原物料的漲價效應，企業每月營收、EPS 都大幅增長，這是「有基之彈」。當市場漲的是航運、鋼鐵、玻璃、紡織等類股，若你只關注電子股，投資績效自然不會太好。

觀察 2021 年上半年各類股的指數漲幅，航運指數最為突出，以上市類股為例一路從 98.32 漲到 401.46，鋼鐵則從 17.72 漲到 216.71，電子零組件從 154.08 漲到 195.42，光電產業從 40.22 漲到 47.8。玻璃和造紙也漲了一倍。從整體產業來看，

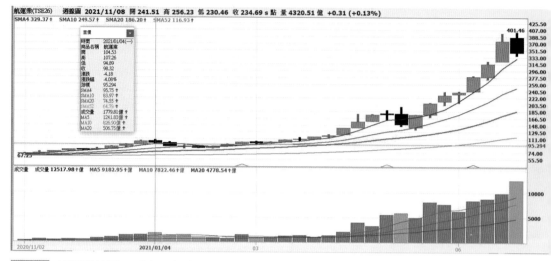

圖 1-1 航運周線圖可看出漲幅十分驚人

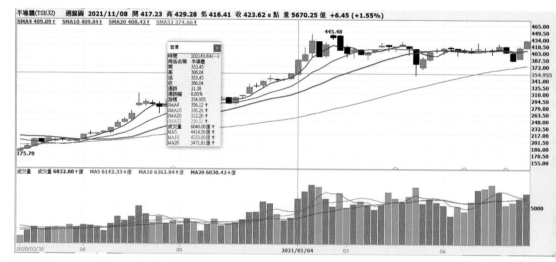

圖 1-2 半導體周線圖則相對平緩

2021 年是傳產爆發的一年。所以有人說，傳產「十年不開張，開張吃十年」。

資金配置上，我認為在美國縮減資金前，傳產和電子可以各占五成。雖然電子在 2020 年上半年較弱，卻也不能不參與，像電動車產業前景看好，投資人當然不能錯過。

股市何時回檔？看美國何時升息

很多人關心的，股市上漲到何時會回檔？最主要的觀察重點是美國對升息的態度。2008 年金融海嘯時美國實施 QE，從 2009 年 3 月開始陸續實施 QE1、QE2 與 QE3，2011 年實施扭轉性操作（Operation Twist，簡稱 OT），2013 年 5 月柏南克暗示將縮減 QE，2015 年 12 月開始升息。那一波因為資金收得太早、太快，讓美股從高點跌下來。

現在的聯準會主席鮑爾（Jerome fowell）面對升息有不同的想法，我認為到 2022 年上半年都還不用擔心。投資人可以留意看聯準會特別是這四個月（3 月、6 月、9 月、12 月）舉辦

表 1-1 歷年美國聯準會政策展望

期間	實施政策
2008 年 1 月	降息
2009 年 3 月至 2010 年 3 月	QE1
2010 年 11 月至 2011 年 6 月	QE2
2011 年 9 月至 2012 年 12 月	扭轉性操作
2012 年 9 月	QE3
2013 年 5 月	前聯準會主席柏南克暗示縮減 QE
2014 年初	開始縮減 QE
2015 年初	2015 年 12 月開始升息
2020 年第一季	零利率政策及 QE
2021 年	年底開始縮減 QE
2022 年	預計上半年結束 QE 政策
2022 年	預期年中之後開始升息

的會議，並注意會後相關報導及說法，會是未來股市漲跌的風向球。

另外，還可以觀察美股 10 年期公債殖利率，如果從現在的低於 2％升到 2.5％，事情就很嚴重了。首當其衝的是房地產的貸款利率上升，每月要支付的利息增加，市場的資金就不會這麼寬裕。

03　台股 10 年線，財富重分配

從上本書到現在，台股發生了一些變化，我的操作心得也越來越豐富，尤其在 2015 年，我發現了一件事──台股每三至五年就會跌到 10 年線，此時正是財富重分配的好機會。如果每個人都能好好把握這次的進場機會，就能達到財富自由。

不曉得大家還記得嗎？ 2015 年 8 月 11 日發生了一件事，中國政府第一次推行人民幣匯率改革，人民銀行無預警宣布人民幣兌美元貶值千點。人民幣貶值為國際金融市場帶來極大的衝擊，各國股市紛紛下跌。台股從那天的 8,586 點跌到 8 月 24 日的 7,203 點，短短九個交易日重挫 1,300 點。那一次台股是從 4 月 28 日的最高點 10,014，一路持續下跌，破了季線、年線，最低來到 10 年線 7,203 點。

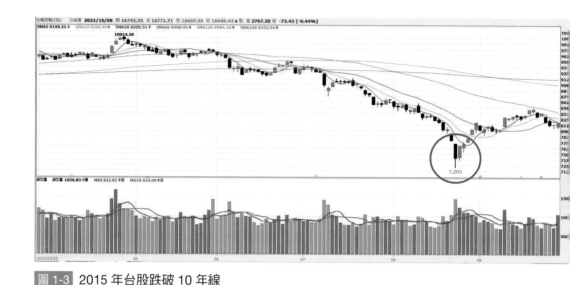

圖 1-3　2015 年台股跌破 10 年線

　　就在之後，台股開啟了另一個長達四年多的上漲行情，直到 2020 年 3 月才結束多頭。

　　為何我會說平均每三至五年大盤指數就會拉回 10 年線？這是從歷史數據得知。2015 年之前，台股跌到 10 年線是發生在 2011 年 12 月的歐債風暴。當時台股從 9,220 點跌到 6,609 點，崩跌兩千六百多點。更早之前是 2008 年的金融海嘯，台股從 9,309 點跌到 3,955 點。金融海嘯是史詩級的金融大震盪，跌了 5,354 點。所以，那次台股在 10 年線以下徘徊得比較

久。後來，才又開啟一段長達三年的多頭。

表 1-2　近年台股大盤跌破 10 年線的重大事件

事件	最高點	最低點	間隔期間
2008 年金融海嘯	9,309	3,955	4 年
2011 年 12 月歐債風暴	9,220	6,609	3 年
2015 年 8 月中國政府推行人民幣匯率改革	10,014	7,203	4 年
2020 年 3 月新冠肺炎	12,197	8,523	5 年

跌破 10 年線，無腦買進台積電、0050

從過去的經驗可以發現，每當台股跌到 10 年線就是很好的進場位置。而在股市跌深時，閉著眼睛買台積電和 0050 就對了，甚至要 ALL IN 都可以。

回顧 2015 年 8 月 24 日，台股跌到 10 年線時，台積電收盤價為 112.5 元，2021 年台積電最高來到了 679 元，漲了五倍多。如果當時花 100 萬元買進台積電，現在就有 600 萬元，還沒計算這五至六年的配息。

2020 年 3 月台股又跌回 10 年線，台積電的股價為 135.5

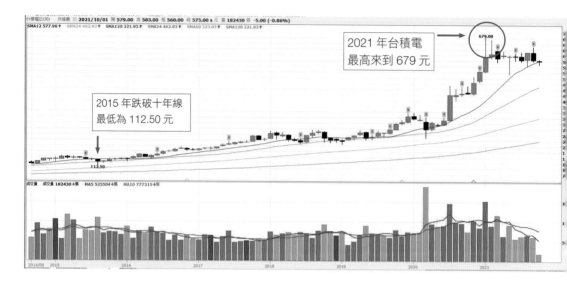

圖 1-4　台股跌破 10 年線後，台積電的股價表現

元，這一次受惠於疫情對晶片的需求大增，股價不到一年就漲到 679 元，漲幅相當驚人。倘若擔心買個股有風險，或是不想傷腦筋選股的人，可以買 0050，這是與台股大盤連動最深的 ETF。這檔 ETF 持股的標的是台灣前 50 大市值企業，它不會倒，而且很穩。2020 年 3 月 0050 跌到 67 元，不到一年就漲到 143 元。

　　說到這裡，我想分享 2008 年金融海嘯爆發後，一位好友的投資方法。那一年，美國雷曼兄弟破產，引發一連串的金融

問題，為全球股市帶來雪崩式的大跌，台股在 11 月 21 日跌到 3,955 點。就在大家瘋狂逃離股市的時候，他反其道而行，盤點身上所有現金、保單、房產，還向親友借錢，將全部資金投入股市，而且只買兩檔股票——台積電（2330）、和泰車（2207）。那時，台積電股價最低跌到 36.4 元，和泰車股價最低到 44 元。

他買進這兩家企業的理由很簡單，台積電是台灣股市的龍頭，基本上不會倒。和泰車獨家代理日本 TOYOTA，這是台灣最受歡迎的汽車品牌。他認為，當苦日子走了，好日子來臨時，民眾最大的消費行為會是換車。此時，它的價值就會彰顯出來。再加上，和泰車往年配息都很不錯，大約為 8 至 10 元。以當時的股價計算，殖利率高達 12％至 16％，比銀行定存高了好幾倍。

他長期持有台積電、和泰車。那年，他買了多張的和泰車，在股價最高點 700 元賣了一部分，獲利高達十多倍。若計算這十年來領的配息，已經零成本了。

現在看他的投資，很多人會相當羨慕。不過，在那個時

圖 1-5 2020 年 3 月台股又跌回 10 年線

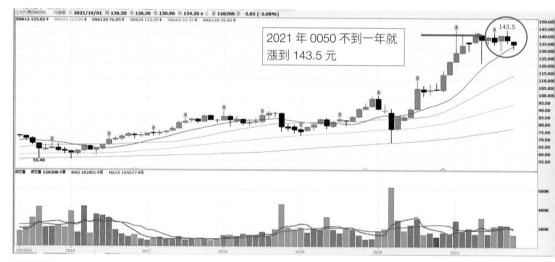

圖 1-6 台股跌破 10 年線後，0050 的股價表現

候，他的行為可以說是相當大膽。他確實執行了股神巴菲特說的：「當別人恐懼時我貪婪。」再藉由時間，向財富自由之路邁進一步。

傳產仍是好標的嗎

也有人問我，台股跌回 10 年線時能否買傳產的龍頭中鋼（2002）？以 2015 年來看，那時台股的電子龍頭只有台積電和傳產中鋼。不過，我不會這樣建議，雖然中鋼的股價也來到低點，但它的漲幅不高，投資報酬率不會太驚人。2015 年 8 月中鋼的股價最低為 17.55 元，2021 年最高來到 46.75 元，只漲了二倍多。

還有不少股民喜歡買台塑四寶，以其中的領頭羊台塑（1301）來看，2015 年股價最低為 59.5 元，現在大約在 121元，只翻了二倍。

至於許多專家推薦的金融股呢？龍頭國泰金股價在那一年最低是 46 元，現在也只有 60 元。

圖 1-7 台股跌破 10 年線後，中鋼（2002）的股價表現

圖 1-8 2021 年台塑（1301）股價的變化

金融股只適合每年想要穩穩的領 5％ 至 6％ 股息的族群，比較無法賺到資本利得，適合定期定額存股，在股市大跌時比較不推薦進場。當然，我指的是想要獲得更豐厚報酬的人。

當大盤跌到 10 年線，除了台積電，也可以買中小型股，此時，要買「次產業」的龍頭。

以 2020 年 3 月台股跌到 8,523 點為例，IC 設計龍頭聯發科（2454）在當時跌到了 273 元，不到一年就漲到 1,185 元，漲幅相當驚人，大約四倍多。

矽晶圓龍頭環球晶（6488）的表現也相當不錯，跌到 290 元，2021 年 6 月股價最高來到 972 元，一樣漲了四倍多。

網通龍頭智邦（2345）的股價跌到 137 元，後來漲到 354 元，也漲了兩倍多。

在選擇次產業的龍頭時，要找有產業前景的企業，並不是說股市跌深，隨便買都能賺。在這個時候買進任何一家企業的股票當然都在低點，卻不是所有公司的未來前景都看好。在台股一千七百多檔股票中，也有不少企業再也無法回到 2020 年初、甚至 2019 年的股價。

圖 1-9　聯發科（2454）不到一年就漲到 1,185 元

圖 1-10　環球晶（6488）2021 年 6 月股價最高來到 972 元

圖 1-11 智邦（2345）後來漲到 354 元

　　還有一點很重要，一定要選擇配息不錯的企業或 ETF，這
是多一層保障。這樣做，每年能領到比銀行定存更好的利息，
同時，也才能安心抱股、長期持有，且買了以後睡得著覺。再
加上未來可期待的增值空間，一舉多得。

　　在股市低點買進一檔股票後，投資人可以不要太關心它，
只要在一年四次企業公布業績及 EPS 時，確認該檔個股的表
現，若前景還不錯，就可繼續持有。

為何跌破 10 年線是好買點

也有人會問：「為何台股跌破 10 年線就是最好的進場點？」

每當股市跌到 10 年線後，市場上瀰漫著一股低氣壓，眾人紛紛看壞股市前景，甚至還有不少人鐵口直斷：台股還有低點。在這種氛圍之下，誰敢逆市進場、大舉布局？難道我不會擔心嗎？

不過，我的判斷是有所依據的，主是來自「政府的心態」。當大盤指數跌到 10 年線，就會有所謂的「10 年線保衛戰」。國安基金通常會在此時召開會議，討論是否進場護盤。當風聲出來後，就會看見三大法人、八大官股悄悄進場買股。

雖然我很早就進入投資市場，卻直到 2015 年才體認到「原來這是個很好的翻身機會啊」！所以，當 8 月 24 日台股跌到 10 年線時，買進台積電；2020 年 3 月，機會又來了，當台股再度跌到 10 年線時，進場加碼。直到台積電漲到 650 元才獲利了結。總計持有台積電這五、六年來，報酬最高達五倍

之多。

　　另外，有在美股開戶的人，也可考慮買美股，要選擇美國的龍頭股，並以日常生活中會使用到的產品或服務為主，例如：蘋果、臉書、亞馬遜、GOOGLE 等。回顧 2015 年 8 月，蘋果（AAPL. US）跌到一股 27 美元，2020 年 3 月則跌到 50 多美元，在 2021 年一度漲上 157 美元，漲了三至五倍。大家最常用的 GOOGLE（GOOG. US），2015 年 8 月曾跌到一股 600 多美元，2020 年 3 月一度跌到 1,000 美元，現在又漲到 2,870 美元，投資報酬也很高。

　　美股跌深時，投資人要選擇美國最強勢的產業，以科技股、生技醫療股為主，而且要買有在全球布局，優勢無人能抗衡的企業。這個選股邏輯若套用在台股就是台積電，目前在全球的地位無人能撼動，且至少三至五年內，我們尚未看到這種可能性。

圖 1-12 美股也適用破 10 年線，以蘋果（AAPL）為例

善用年線，抱穩波段獲利

　　10 年線操作法，平均三至五年才遇到一次，那麼在平時要如何操作？

　　此時，可以運用「年線」做小波段操作，股票也能買在相對低點，好好把握，一年獲利五成並不會太困難。

　　當大盤指數跌深起漲後，就會開始往年線靠近，股市漲漲跌跌，以 2015 年到 2020 年 3 月為例，這五年大盤指數大約有

五次以上跌破年線，這個時候投資人可以選擇台積電或 0050做短波段操作，同時，設定想要獲利的比例，如 20％至 30％就賣出。

以台積電來說，2018 年 6 月 25 日跌到了年線，股價約210 元，當股價漲到 260 至 270 元可以先賣一趟。2018 年 10月 28 日台積電又跌破年線。如果你在跌破年線的第一天就買進，股價約 220 元，後來，股價一路下跌，跌到 206.5 元。有些人會擔心，是不是要停損？其實跌到年線時，買進台積電不要害怕，也不需要停損，因為這家公司不會倒。事實上，台積電跌到 206.5 元後，後來一路上漲到 2019 年 4 月，股價來到270 元，不到半年，獲利達兩成多。

2019 年 6 月 3 日台積電又跌破年線，股價為 232 元，6 月24 日除息 8 元，11 月漲到了 300 元。不到半年獲利近三成。

我要提醒一點，龍頭股的小區間操作，買進後一定要設定停利點，當停利點到了，就要賣掉，不要貪心。假設你設定每一次都要賺 20％至 30％，漲到了設定好的停利點就要獲利了結。

圖 1-13 運用「年線」小波段操作台積電

　　以 100 萬元資金為例，三次操作，就賺進 100 萬元（加上中間的配息）。是不是比存股獲利好很多？存股族一年有 5％獲利就很高興了，用龍頭股區間操作獲利更好。若是不想買個股的投資人，可以用 0050 操作。

　　這種投資方式唯一的問題是──投資人需要耐心等待。因為你不知道何時台股會來到年線，何時會漲。而當你等到了機會進場，這一次賺到了，要再耐性的等待下一次進場機會。所以有人說，好的投資機會是等出來的，一點不假。

低點買進看 KD

其實，投資最困難的地方不在於技術，而是心魔。以 2021 年 8 月為例，台股連跌九天，台積電股價也從 594 元一路跌到了 8 月 20 日的最低點 551 元。那一天，台積電打到年線後，隔天開始反彈。如果有進場布局的人，就能賺到那一波的上漲行情。當時，台積電只花 11 個交易日就漲到 638 元，報酬率達 15%。

為何台積電來到「年線」就能進場？不擔心股價持續下探嗎？年線操作法可以搭配幾個技術指標：

一是 KD 值。當 KD 值小於 20 時，代表這檔股票的股價來到相對低點。這是長線布局很好的進場位置。8 月 20 日，台積電的 KD 值小於 20，正好符合條件。

二是年線上揚，代表股價即將上揚翻多。

若還是擔心買貴的人，可以分批買進。假設你要買一千

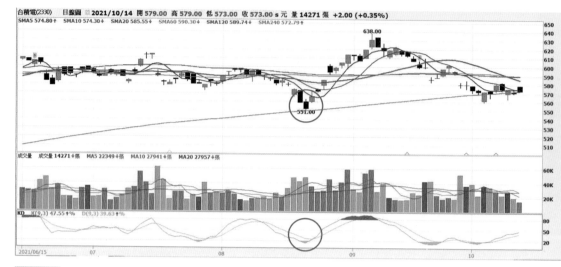

圖 1-14　年線操作法可搭配 KD 小於 20，年線上揚

股，先買三百股，隔天觀察它的股價，如果上漲，代表買對了，再買三百股，分三至四次進場。

另外，也可以拿平時用不到的資金來買，倘若在銀行有一筆定存，可以考慮解約。為什麼我這樣說？台積電在 2021 年每季配息 2.75 元，一年配四季，整年約配 11 元，當股價來到 551 元，殖利率為 2％，比將錢放在銀行定存的利息還高。而且，未來幾年它的產業前景看好，還可以賺到資本利得。

下一個好標的在哪裡

不過，積極的投資人不會滿足於台積電、0050，常有人問我是否有什麼可以推薦的投資標的？答案當然是有的。每當台股跌破 10 年線時，都會有一些特殊的新興產業崛起，積極一點的人，可以留意這些標的。

以 2020 年來說有兩個族群，一是防疫概念股，二是航運股。它們是因疫情而受惠的產業，股票漲幅都相當驚人。

另外，每一年也會有新科技出現，它們會對人類未來生活帶來衝擊和改變，這些產業也可以研究。這是趨勢類股，透過觀察生活周遭的變化就能判斷，像是宏達電推出第一支智慧型手機，就宣告新時代的來臨。顛覆性新科技產品的出現，替宏達電帶來豐厚的營收，推動股價來到了 1,300 元。蘋果手機隨後跟上，股價一路漲到了現在。台積電也是受惠於蘋果，才看得到 600 元股價。

近年來，特斯拉積極推出電動車，也是未來的趨勢。2020 年「車用概念股」崛起，2021 年依然是盤面熱門焦點，

汽車微控制器（MCU），如新唐（4919），股價從 40 元漲到 175 元；同欣電（6271）從 141 元漲到 284 元；導線架的順德（2351），從最低 82 元漲到 160 元；供應電池的美琪瑪（4721），股價從 71 元漲到 139 元。

台灣最可惜的地方是，在電動車領域裡沒有殺手級的產品，如中國大陸的寧德時代（300750）就是電池產業的龍頭，2019 年 11 月 29 日的股價不過 72 元（人民幣），2021 年 4 月漲到 136 元，後來一路漲到了近 500 元。不過，有些台廠企業與它合作，可以持續關注。我認為，電動車是未來的主流產業，這會是一個很長期的趨勢。

2021 年最值得留意的是還包括第三代半導體崛起，如漢磊（3707）、嘉晶（3016）等，股價都從底部起漲一倍以上。鴻海（2317）也想要發展第三代半導體，所以買下旺宏（2337）6 吋半導體廠房，但因它的股本太大，股價上揚必須要耐心等待。我也很看好晶圓製造龍頭環球晶（6488），若覺得它的股價太高，可以看它的母公司——中美晶（5483），或是資本額較小的合晶（6182），籌碼較集中的台勝科（3532）。

最後，我建議投資人最好常常關心有錢人在做什麼，如低軌衛星、星鏈計畫（SpaceX）等。有名的人、有錢的人去做的事，就是趨勢。想要了解產業未來發展，最簡單的方法就是看雜誌，例如每周出版的《今周刊》《財訊》（雙周刊）《Smart 智富》月刊等，持續看就能增進對產業的了解。有時間的話，每天看《經濟日報》、《工商時報》。俗話說：「天道酬勤」，你越勤勞，老天爺會回饋你更多。

PART 2
練就投資基本功——
金之呼吸術

我的投資心法

　　我一直認為投資人進入股市時，最好有一些基本觀念，還要有自己的操作原則，才能在市場賺到錢。在開始教大家練功前，我想和大家分享一些基本觀念。

❶ 順勢而為

　　剛進股市的人，在操作股票時要「順勢而為」，而且不要每天都進場買賣。根據一項統計研究，每天進場的人長期累積下來是虧損的。同時，最好不要當沖或隔日沖，除非很有把握，否則以波段操作或長線投資為主，股票放一段時間再賣，反而能賺錢。

❷ 資金分配

　　一定要將手中資金做好分配，並撥一部分作為中長期持

有，如買台積電（2330）、國泰金（2882）等體質很好，大到不會倒的公司。買了以後就放著，往往會讓你有意想不到的收穫。

❸ 尊重趨勢

能夠辨別現在的股市是多頭或空頭，如果是多頭，可以將資金部位放大；如果是空頭，作多的資金就要下降。若有 100 萬，多頭時可以多買，因為趨勢對了，容易賺到錢；在空頭時，至多拿出 50 萬元資金，將另一半的現金留在手中。

如何判斷股市現在是在多頭，還是空頭？最簡單的方法是看 20 日線（月線）及 60 日線（季線）。中小型以 20 日線為基準，跌破 20 日線，且 20 日線下彎，就是空頭；大型股及大盤用 60 日線為基準，加權指數在 60 日線以下且下彎，就是空頭趨勢，不要偏多操作。

❹ 遵守紀律

不管是存股或買賣個股，都要嚴守紀律，該出場就要出場。沒有人能夠買在最低，賣在最高，這是神仙在做的事。股票想買在最低點的人，通常會買在最高點；想賣在最高的，都

賣在最低。

❺ 股票套牢不只是虧錢，還失去了參與其他股票的機會

這一點要謹記在心，因手中的資金有限，我們不是巴菲特，沒有很多資金能買股票。若是買進一檔股票套牢、不停損，看到別檔股票有賺錢機會，就沒辦法參與。

所以，要培養一種能力，如果股票買了後上漲，就要抱住，看錯就砍掉，這樣做才能「小虧大賺」，長期下來就會贏。

以 2021 年的航運股為例，看對趨勢，買進就要抱住，才能賺到波段的錢。只要它沒有跌破設定的出場點位，就不要賣。以航運股來說，它是沿著 10 日線往上漲，可以跌破 10 日線再出場，一旦跌破月線，就一定要全賣。

❻ 不要貪多

投資最理想的組合是五至七檔，買太多檔股票，會分散你的注意力。一個人能夠研究的股票和資金是有限的，舉例來說，你有 100 萬元，將它放在十檔股票，其中一檔漲 20％，也只賺十分之一，對整體獲利沒有幫助。不如精挑細選，將股票濃縮在五至七檔，集中資金，只要買對了，就有錢加碼，可以

獲得比較好的報酬。

❼ 先學好認賠，再學停利

在這裡要去思考一件事，資金運用是有成本的，如果買錯一檔股票，一直不理它，資金成本就套在那裡，接下來，大家也許都不陌生：十檔股票中可能有八檔套牢。這還不是最慘的，也可能那檔股票放到最後就下市了。

我曾買過一檔非常被看好在興櫃掛牌的股票——晶美（4990）。當時，太陽能市場很紅，產業前景看俏，但因中國大陸大舉投入太陽能，導致台廠業績不佳，甚至虧損，2016 年6 月 30 日該公司宣布終止股票買賣。

我投入約 100 萬元，最後因沒有停損而損失慘重。其實在過程中，一直都有賣出的機會，我卻一直沒賣。記得買進時，股價約在 40 元，到了停損點沒出場，等到股價腰斬時，當然更不想賣了。想說閉著眼睛不理它，應該還會再漲回來，結果一路從 20 元跌到 10 元，直至下市。

這個經驗讓我了解停損的重要性，買錯沒關係，怕的是不願意認賠出場。若設定 20 日線出場，通常損失能夠控制在

10％左右，如果是硬拗，可能賠個二成、三成、甚至更多。留得青山在，手中有資金，當趨勢來時，才能順風而起，將虧損的錢再賺回來。不用擔心，機會一直都有。

❽ 進入股市要設定自己的原則，並且確實遵守

每個人都有自己的進場原則，像我只買賣法人股，以投信、外資為主的股票，當一檔股票已經漲太高，我也不會買，會等回檔再進場。

出場也要按照自己設定的條件出場，以我來說，股價破 20 日線，最晚破 60 日線就一定出清。當設定好自己的原則後就要遵守。如果沒有原則，就不要進股市，不然一定會受傷。

❾ 從頭到尾都要保守一致的原則

不能在賺錢的時候，就用技術面操作，套牢了，就用基本面來催眠自己。以技術面進場，要以技術面出場。以航運股為例，買進是因為很看好它，股價也如預期往上漲，當它下跌時，該賣就賣。因為這是產業循環股，當大浪來時，可能會賺到大錢，等再下一個大浪來，也許是十年後的事。如果不停損，要思考你的資金能否放十年。

02

STEP1
製作自己的交易記綠

以前，我大多是以技術線型操作股票，經歷 2008 年那場重擊之後，才開始研究大盤籌碼。我發現這才是掌控股價漲跌的關鍵。從那時候起，我每天分析並記錄大盤，透過幾個指標判斷大盤多空，這些指標會依據股市狀況而調整。

記錄這些指標的好處是對盤勢會更有感，而且能讓買進、賣出股票時的判斷更為精準。有很多人問我，為什麼要看這麼多指標？其實，這些指標是協助我們判斷大盤未來走向。觀察的指標越多，判斷就越精準，可以加強操作時的信心。我的觀察指標有七個：

01. **大盤資訊**
02. **大額交易人留倉部位**

Notes

表 2-1 我的交易紀錄——用一張 EXCEL 表，觀測市場變化（2021 年）

欄位資料：大盤資訊、融資融券餘額

	特殊事件	大盤資訊			
		加權指數	漲跌	漲跌幅	成交量
8 月 9 日		17485.15	-41.13	-0.23%	3498.09 億
8 月 10 日		17323.64	-161.51	-0.92%	3508.47 億
8 月 11 日		17227.18	-96.46	-0.56%	3891.05 億
8 月 12 日		17219.94	-7.24	-0.04%	3196.40 億
8 月 13 日		16982.11	-237.83	-1.38%	3802.56 億
8 月 16 日		16858.77	-123.34	-0.73%	3337.69 億
8 月 17 日		16661.36	-197.41	-1.17%	2965.68 億
8 月 18 日	月結算日	16826.27	164.91	0.99%	4179.38 億
8 月 19 日	外資賣超史上第六大	16375.40	-450.87	-2.68%	4323.65 億

融資融券餘額與增減						
	融資	幅度		融券	幅度
2901.98	-33.64	-1.16%	448704	6,111	1.36%
2852.74	-49.24	-1.73%	440693	-8,011	-1.82%
2780.85	-71.89	-2.59%	449626	8,933	1.99%
2801.75	20.90	0.75%	461443	11,817	2.56%
2777.83	-23.92	-0.86%	464227	2,784	0.60%
2732.98	-44.85	-1.61%	441834	-22,393	-4.82%
2693.14	-39.84	-1.46%	447236	5,402	1.22%
2700.78	7.63	0.28%	438537	-8,699	-1.98%
2671.34	-29.46	-1.10%	462265	23,728	5.13%

欄位資料：美國股市

	特殊事件	適瓊	漲跌幅	漲跌點	
8月9日		35,101.85	-106.66	-0.30%	
8月10日		35,264.67	162.82	0.46%	
8月11日		35,484.97	220.30	0.62%	
8月12日		35,499.85	14.88	0.04%	
8月13日		35,515.38	15.53	0.04%	
8月16日		35,625.40	110.02	0.31%	
8月17日		35,343.28	-282.12	-0.79%	
8月18日	月結算日	34,960.69	-382.59	-1.08%	
8月19日	外資賣超史上第六大	34,894.12	-66.57	-0.19%	

	那斯達克漲跌點		漲跌幅	費半漲跌點		漲跌幅
	14860.18	24.42	0.16%	3399.76	-12.29	-0.36%
	14788.09	-72.09	-0.49%	3358.87	-40.89	-1.20%
	14765.14	-22.95	-0.16%	3350.93	-7.94	-0.24%
	14816.26	51.12	0.35%	3312.96	-37.97	-1.13%
	14822.9	6.64	0.04%	3335.04	22.08	0.67%
	14793.76	-29.14	-0.20%	3322.64	-12.40	-0.37%
	14656.18	-137.58	-0.93%	3256.82	-65.82	-1.98%
	14525.91	-130.27	-0.89%	3208.83	-47.99	-1.47%
	14541.79	15.88	0.11%	3235.87	27.04	0.84%

欄位資料：大額交易人留倉部位、散戶多空未沖銷契約量

	特殊事件	前五大交易人留倉部位（總計）	前十大交易人留倉部位（總計）	前十大交易人（法人）留倉部位（總計）	前五大交易人留倉部位（當月）	
8月9日		-9,007	-12,800	-17,326	-11,467	
8月10日		-9,918	-12,957	-18,250	-12,253	
8月11日		-9,065	-12,366	-20,043	-11,455	
8月12日		-11,357	-15,032	-20,916	-13,659	
8月13日		-10,656	-13,773	-17,912	-12,468	
8月16日		-10,551	-12,647	-16,454	-3,544	
8月17日		-11,644	-12,601	-16,092	385	
8月18日	月結算日	-10,339	-12,447	-15,477	-13,771	
8月19日	外資賣超史上第六大	-9,879	-8,692	-11,671	-13,345	

前十大交易人留倉部位（當月）	前十大交易人（法人）留倉部位（當月）	散戶看多	散戶看空	多空淨額	散戶多空比	散戶未平倉
-10,403	-11,102	38,996	26,985	1.45	23.92%	12,011
-9,683	-11,151	44,917	25,273	1.78	36.60%	19,644
-8,179	-12,348	46,613	25,623	1.82	38.59%	20,990
-10,698	-12,842	45,911	24,291	1.89	40.23%	21,620
-8,967	-11,610	53,088	28,194	1.88	41.56%	24,894
-4,106	-6,058	44,819	27,526	1.63	31.26%	17,293
-1,495	-980	46,329	31,849	1.45	24.62%	14,480
-12,280	-15,818	35,400	35,161	1.01	0.54%	239
-8,075	-12,100	39,639	28,805	1.38	23.27%	10,834

	特殊事件	近月台指期						
		近月台指期	漲跌	漲跌幅	價差	總成交口數 大台＋小台/4 成交量	總未平倉 大台＋小台/4 未沖銷契約量	外資/ 未平倉
8月9日		17,404	-35	-0.20%	-81.15	177,968	99,258	-25.85%
8月10日		17,299	-107	-0.61%	-24.64	160,061	101,356	-28.53%
8月11日		17,171	-124	-0.72%	-56.18	204,997	102,556	-32.27%
8月12日		17,157	-13	-0.08%	-62.94	136,138	101,251	-31.44%
8月13日		16,934	-224	-1.31%	-48.11	217,895	106,513	-31.92%
8月16日		16,772	-164	-0.97%	-86.77	240,428	102,740	-27.27%
8月17日		16,580	-194	-1.16%	-81.36	222,924	103,950	-25.68%
8月18日	月結算日	16,784	206	1.24%	-42.27	251,583	99,107	-27.42%
8月19日	外資賣超史 上第六大	16,329	-372	-2.23%	-46.40	278,175	92,221	-28.00%

03 觀察指標 1：大盤資訊

　　首先，我會觀察大盤。因為大盤影響一切，當大盤上漲的時候，買個股比較容易賺到錢，問題只在於是大賺還是小賺；若大盤下跌，買股票就比較不那容易賺到錢。因此，我會去觀察大盤，判斷現在是空頭或是多頭，再來作多或作空股票，如此可讓投資趨吉避凶、增加勝率。

　　從我的經驗來說，投資要順勢而為，當多頭來的時候，就算買的不是飆股，股票最終上漲的機率還是很高。當空頭來臨時，挑選個股就顯得格外重要，但此時要挑到還會漲的個股，難度很高，而且當大盤在跌，要買進股票也確實需要勇氣。

以 2021 年 2 月為例，大盤從 12,197 點往下跌到 3 月 19 日的 8,523 點，在這段時間挑選股票的難度就加深，尤其在 3 月 6 日以後，能夠作多的股票並不多。若是習慣作多的人，我建議在這段時間最好空手，等待大盤落底再來挑選個股。

圖 2-1　大盤是我的紀錄基礎

04 觀察指標 2：
大額交易人的留倉部位

期貨交易所每天都會公布法人及大戶的期貨留倉資訊，在其中，期貨大額交易人未沖銷部位是大盤的先行指標。

觀察重點──大戶大量回補空單是止跌訊號

舉例來說，2020 年 3 月 19 日，當台股跌到 10 年線的那十個交易日，前十大交易人在 3 月 5 日那一天，留倉部位仍是多單，達 5,039 口。但是，在 3 月 6 日就開始翻空，留倉部位空單達 2,246 口。當天，加權指數就下跌 193 點。

在 3 月 10 日，空單從前一天的 2,417 口，增加了 5,967 口，留倉空單總計 8,348 口，當天台股雖小漲 25.9 點，但從隔

天開始，台股每天跌幅達 100 點，3 月 12 日更是大跌 471.43
點，跌幅達 4.33％。

那幾天，美股發生連巴菲特一生都沒見過的四次熔斷，台
股短短幾天大盤指數也重挫了 2,600 點。

前十大交易人的空單留倉最高是在 3 月 19 日，高達
21,976 口。然而，就在 3 月 20 日國安基金在盤後宣布進場的
那一天，盤中就回補了一萬多口，只剩下 11,426 口。當我們在
盤後看到前十大交易人忽然大量回補空單時，意味大盤出現止
跌訊號，再往下跌的空間有限。

也可得知，前十大交易人留倉部位，能夠讓我們即早觀察
到大盤多空。

觀察重點——指數漲，大戶卻繼續作空……

以 3 月 6 日來說，當盤後看到多單從五千多口，轉變為空
單，當天大盤指數下跌 193 點，下一個交易日（3 月 9 日）開
盤就要將多單股票賣出。如果不確定台股是否走空，可以分批

賣出，用一天或是兩、三天賣完。

3 月 9 日，大盤果真再度下跌，跌了 344 點，跌幅達到 3.44％。不過兩天，台股跌了五百多點。在 3 月 10 日雖然止跌，但是，前十大交易人留倉的空單部位仍然持續增加。此時，就要警惕了。

有些投資人在 3 月 10 日會覺得，台股都已經跌了五百多點，應該不會再跌了，就鬆懈了。甚至還有人會想要「摸底」，這樣做的風險很高。因為當股市在跌的時候，要等到止跌訊號出來，才能夠進場。

果真，從那天的盤後資料可以看到，前十大交易人繼續增加期貨空單，這一次的空單從 3 月 9 日的 2,417 口，增加到 8,384 口，代表大盤還會有低點。從另一個角度來說，當指數漲，前十大交易人繼續作空期貨，意味著「事有蹊蹺」，隔天開盤就要將手中的多單賣光。

果不其然，3 月 11 日台股再下跌 109.79 點。3 月 12 日台股跌 471.43 點，跌幅為 4.33％；3 月 13 日下跌 293.45 點，此時，台股面臨「萬點保衛戰」。3 月 16 日美國突然宣布降息四

表 2-1 大額交易人的留倉部位

	特殊事件	大盤資訊				
		加權指數	漲跌	漲跌幅	成交量	
3月5日		11514.82	多 122.47	1.08%	1441.96	
3月6日		11321.81	空 -193.01	-1.68%	1494.27	
3月9日		10977.64	空 -344.17	-3.04%	2317.05	
3月10日		11003.54	多 25.90	0.24%	2054.50	
3月11日		10893.75	空 -109.79	-1.00%	1750.82	
3月12日		10422.32	空 -471.43	-4.33%	2705.64	
3月13日		10128.87	空 -293.45	-2.82%	3028.25	
3月16日	美國突然降息4碼，美股期貨盤下跌熔斷	9717.77	空 -411.10	-4.06%	2099.70	
3月17日		9439.63	空 -278.14	-2.86%	2366.20	
3月18日	月結算日	9218.67	空 -220.96	-2.34%	2104.18	
3月19日	跌破10年線	8681.34	空 -537.33	-0.06%	2702.77	
3月20日	國安基金宣布進場	9234.09	多 552.75	6.37%	2347.34	

大額交易人留倉部位					
前五大交易人留倉部位（總計）	前十大交易人留倉部位（總計）	前十大交易人（法人）留倉部位（總計）	前五大交易人留倉部位（當月）	前十大交易人留倉部位（當月）	前十大交易人（法人）留倉部位（當月）
232	5,039	6,797	2,687	4152	5,553
-8,013	-2,246	-4,938	-5,644	-3,634	-5,335
-9,103	-2,417	1,479	-4,985	-876	-292
-12,720	-8,348	-11,316	-7,925	-6,857	-4,800
-11,598	-6,177	-8,084	-5,527	-2,158	-181
-17,990	-9,606	-12,183	-12,599	-5,280	-1,600
-23,741	-13,869	-14,010	-12,933	-8,109	-1,818
-23,898	-11,882	-4,466	-3,903	1,044	7,131
-26,413	-14,922	-4,864	-1,051	-417	6,958
-27,413	-18,593	-9,005	-29,086	-18,032	-12,746
-30,673	-21,976	-9,585	-33,512	-22,058	-12,838
-23,378	-11,426	-1,442	-25,643	-12,292	-5,215

碼，台股在開盤後，應聲大跌 411.10 點，失守萬點，加權指數來到 9,717.77 點。

倘若我們能透過前十大交易人留倉部位，提早判斷台股有走空的跡象，就能避開這一波的大跌。而在此時，積極的投資人，可以跟著大戶一起作空個股或是期貨，保守者可以買「元大 50 反一」。那一波台股跌到 3 月 20 日，盤後前十大交易人留倉空單大幅減少，指數也上漲，就可以跟著作多。

Notes

　　從前十大交易人留倉部位可以看每天的多空變化,也可以看到整月的多空。這些資訊在期交所網站都能查詢得到。

2021/09/10
(交易資訊含所有商品及鉅額交易)

契約名稱	到期月份(週別)	買方				賣方				全市場未沖銷部位數
		前五大交易人合計(特定法人合計)		前十大交易人合計(特定法人合計)		前五大交易人合計(特定法人合計)		前十大交易人合計(特定法人合計)		
		部位數	百分比	部位數	百分比	部位數	百分比	部位數	百分比	
		-	-	-	-	-	-	-	-	-
臺股期貨 (TX+MTX/4)	2021 09	20,107 (15,807)	26.9% (21.1%)	31,171 (25,390)	41.6% (33.9%)	31,801 (31,801)	42.5% (42.5%)	37,684 (34,215)	50.3% (45.7%)	74,858
	所有契約	25,218 (20,918)	26.3% (21.8%)	40,192 (33,587)	42% (35.1%)	35,332 (35,332)	36.9% (36.9%)	48,410 (45,487)	50.5% (47.5%)	95,803
電子期貨 (TE+ZEF/8)	2021 09	1,394 (556)	56.4% (22.5%)	1,732 (785)	70% (31.7%)	1,316 (216)	53.2% (8.7%)	1,688 (458)	68.3% (18.5%)	2,473
	所有契約	1,394 (556)	53.2% (21.2%)	1,749 (785)	66.7% (30%)	1,382 (282)	52.7% (10.8%)	1,757 (527)	67% (20.1%)	2,621
金融期貨	2021 09	1,387 (647)	55.5% (25.9%)	1,721 (779)	68.9% (31.2%)	2,127 (2,075)	85.1% (83%)	2,271 (2,117)	90.9% (84.7%)	2,499
	所有契約	1,492 (906)	48.2% (29.3%)	2,047 (906)	66.2% (29.3%)	2,473 (2,355)	79.9% (76.1%)	2,687 (2,355)	86.8% (76.1%)	3,094

STEP1　找出十大交易人留倉部位

點入網址,點選日期,契約點選全部

https://www.taifex.com.tw/cht/3/largeTraderFutQry

以 2021 年 9 月 10 日為例，在「台股期貨」部分可以看到兩個欄位，「202109」以及「所有契約」，我會看「所有契約」，它的意思是：當月加上其他月分。從「所有契約」可以看到，前十大交易人在 9 月及其他月分期貨的「買方」（作多）有 40,192 口、賣方（作空）有 48,410 口，兩個部位相減，就會得出 -8,281 口（作空大於作多）。因此，可以得出結果：大戶對 9 月及下個月的期貨盤勢，也就是對未來盤勢的預判偏空。

STEP 2 從大額交易人的留倉部位看多空

表 2-2

	大額交易人留倉部位					
	前五大交易人留倉部位（總計）	前十大交易人留倉部位（總計）	前十大交易人(法人)留倉部位（總計）	前五大交易人留倉部位（當月）	前十大交易人留倉部位（當月）	前十大交易人(法人)留倉部位（當月）
9 月 10 日	-10,114	-8,218	-11,900	-11,694	-6,513	-8,825

05 觀察指標3：
融資融券餘額與增減

政府規定，只有散戶可以融資，法人機構不能融資。所以，融資能夠看出散戶此時對股市的看法，偏多或偏空。當融資增加時，代表散戶看好股市，願意用融資買進股票，此舉，會造成市場籌碼的不穩定。當籌碼亂了，股市就漲不動。因為大戶不願意進場幫散戶抬轎。

要如何從融資判斷多空？要看融資的幅度，若超過1％（增加的金額和融資總額相比），容易造成指數的不穩定，也就是容易偏空。以2021年7月9日來說，前一天7月8日融資增加幅度為1.27％，散戶看多，但大盤下跌了1.15％。

表 2-3 從融資融券餘額增減判斷多空

	大盤資訊				融資融券餘額與增減		
	加權指數	漲跌	漲跌幅	成交量	融資		幅度
7 月 2 日	17710.15	-3.79	-0.02%	6086.47 億	2891.31	50.17	1.74%
7 月 5 日	17919.33	209.18	1.18%	6071.76 億	2980.62	89.31	3.00%
7 月 6 日	17913.07	-6.26	-0.03%	6018.80 億	2986.35	5.74	0.19%
7 月 7 日	17850.69	-62.38	-0.35%	5854.03 億	2955.38	-30.97	-1.05%
7 月 8 日	17866.09	15.40	0.09%	6391.13 億	2993.51	38.13	1.27%
7 月 9 日	17661.48	-204.61	-1.15%	5442.53 億	2954.62	-38.88	-1.32%
7 月 12 日	17814.33	152.85	0.87%	5553.36 億	2992.52	37.9	1.27%
7 月 13 日	17847.52	33.19	0.19%	6576.31 億	2933.48	-59.04	-2.01%
7 月 14 日	17845.75	-1.77	-0.01%	5743.40 億	2912.49	-20.99	-0.72%
7 月 15 日	18034.19	188.44	1.06%	4556.75 億	2964.87	52.38	1.77%

融資餘額變化

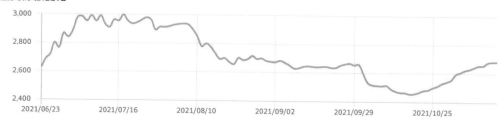

融券餘額變化

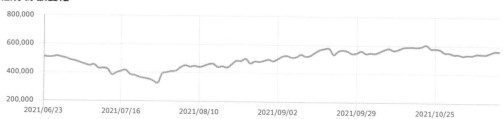

圖 2-4　2021 年 1 到 7 月融資融券餘額變化

　　以 2021 年 1 到 7 月來看，22 個交易日，不準的日子只有

幾天，一般而言，準確度算高。不準確的原因多半與外部局勢

或政策變化有關，如美國聯準會突然發布利多或利空訊息等。

06　觀察指標 4：美國股市

　　美股和台股多空的關聯性很強，高達 88 ％至 90 ％。所以，可以將美股作為判斷台股大盤多空的領先指標。

　　美股有四個指數：道瓊工業指數（DJIA）、那斯達克指數（NASDAQ）、標準普爾 500 指數（S&P）、費城半導體指數（SOX）。在其中，以那斯達克和費半與台股的連動最相關。那斯達克以科技為主，費城半導體指數，顧名思義是以半導體為主，和台股的連動更深。費城半導體指數的成分裡，台積電 ADR 的權重就占了兩成。另外，還有聯電 ADR、日月光 ADR 等。

　　當那斯達克和費半的表現不錯，台股隔天通常表現也不會太差，如果下跌，台股跌的機率較大。

如下表所示，2021 年 11 月 4 日的費半指數漲了 125.59
點，漲幅有 3.5％，隔天台股也順勢上漲，因此美國股市也是
我的觀察指標中重要的一環。

表 2-4　台股與美股的漲跌連動性

	大盤資訊				美國股市							
	加權指數	漲跌	漲跌幅	成交量	道瓊漲點 / 漲幅			那斯達克漲點 / 漲幅			費半漲點 / 漲幅	
11 月 4 日	17078.86	-43.30	-0.25%	3091.72 億	36,124.23	-33.35	-0.09%	15940.31	128.73	0.81%	3715.76	125.59	3.50
11 月 5 日	17296.90	218.04	1.28%	3244.45 億	36,327.95	203.72	0.56%	15971.59	31.28	0.20%	3756.55	40.79	1.10

資料來源：https://stock.capital.com.tw/z/zn/zna/zna.djhtm

觀察指標 5：散戶期貨指標

　　過去幾年我的判讀標準都差不多，近幾年增加了「散戶期貨指標」，以及「美國公債殖利率」。因我發現這兩個指標都極具參考性。

　　散戶向來是股市的反指標。當散戶對指數的看法偏空、而且作空時，指數就會上漲；散戶看多，且作多時，指數下跌的機率較大，準確率高達九成。

　　我是利用小型台指（小台）當作判讀基準。小型台指投資的成本比較少，一口保證金大約 4 萬元（大台約四倍，要 17 至 18 萬元），因此，吸引很多散戶參與。

　　將小型台指扣掉三大法人，就得到散戶多空比，以及未平倉比。如果散戶多空比，以及未平倉比為負數，表示散戶看空，指數就會偏多。

散戶期貨指標檢視步驟

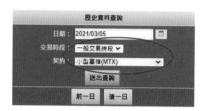

日期：2021/03/05

小型臺指 (MTX) 行情表

2021/03/05　08:45~13:45 一般交易時段行情表

單位：口(成交量、未沖銷契約量)

契約	到期月份(週別)	開盤價	最高價	最低價	最後成交價	漲跌價	漲跌%	*盤後交易時段成交量	*一般交易時段成交量	*合計成交量	結算價	*未沖銷契約量	最後最佳買價	最後最佳賣價	歷史最高價	歷史最低價
MTX	202103W2	15652	15944	15628	15884	▼-70	▼-0.44%	511	546	1057	15884	430	15887	15894	16281	15628
MTX	202103	15600	15915	15569	15853	▼-69	▼-0.43%	189649	250601	440250	15847	48631	15852	15854	16563	7560
MTX	202104	15539	15844	15504	15787	▼-66	▼-0.42%	6339	7121	13460	15780	13659	15783	15788	16497	14915
MTX	202105	15475	15776	15440	15715	▼-70	▼-0.44%	610	703	1313	15712	2219	15716	15723	16435	15440
MTX	202106	15408	15706	15370	15634	▼-82	▼-0.52%	240	415	655	15649	3377	15645	15652	16372	10840
MTX	202109	14977	15262	14940	15193	▼-88	▼-0.58%	82	112	194	15210	1525	15205	15213	15944	11408
MTX	202112	14759	15058	14750	14994	▼-82	▼-0.54%	128	97	225	15009	871	15003	15014	15777	13169
							小計：	197559	259595	457154		70712				

STEP1 找出小台指的未沖銷契約量

點入網址，點選一般交易時段，及小型台指（MTX）
https://www.taifex.com.tw/cht/3/futDailyMarketReport

期貨契約

單位：口數；千元(含鉅額交易，含標的證券為國外成分證券ETFs或境外指數ETFs之交易量)　　　　　　　日期2021/03/05

序號	商品名稱	身份別	交易口數與契約金額						未平倉餘額					
			多方		空方		多空淨額		多方		空方		多空淨額	
			口數	契約金額	口數	契約金額	口數	契約金額	口數	契約金額	口數	契約金額	口數	契約金額
1	臺股期貨	自營商	15,474	48,840,040	15,549	49,097,066	-75	-257,026	26,515	83,599,879	7,565	23,879,134	18,950	59,720,745
		投信	16	50,714	532	1,685,072	-516	-1,634,358	13,296	42,140,316	21,575	68,379,671	-8,279	-26,239,355
		外資	120,808	381,739,207	121,954	385,423,748	-1,146	-3,684,542	26,186	82,989,960	51,881	163,970,824	-25,695	-80,980,864
2	電子期貨	自營商	342	1,088,799	377	1,205,797	-35	-116,998	355	1,135,970	357	1,144,542	-2	-8,572
		投信	0	0	0	0	0	0	122	391,132	0	0	122	391,132
		外資	2,009	6,407,089	1,895	6,042,897	114	364,191	1,033	3,311,798	1,066	3,416,430	-33	-104,632
3	金融期貨	自營商	185	239,028	189	244,375	-4	-5,347	548	708,678	196	254,134	352	454,544
		投信	0	0	0	0	0	0	6	7,780	0	0	6	7,780
		外資	1,020	1,318,493	974	1,258,645	46	59,848	1,480	1,918,654	2,777	3,596,565	-1,297	-1,677,911
4	小型臺指期貨	自營商	19,123	15,065,348	18,425	14,534,260	698	531,088	26,657	21,034,528	24,924	19,646,039	1,733	1,388,489
		投信	0	0	0	0	0	0	75	59,426	0	0	75	59,426
		外資	176,543	139,492,382	176,459	139,430,481	84	61,901	5,886	4,663,508	2,374	1,880,019	3,512	2,783,489

STEP2 找出三大法人的小型台指期貨，多方與空方的口數

STEP3 計算相關資料

計算：

1. 散戶作多口數 ➡ 70712-（26657+75+5886）＝ 38094

2. 散戶作空口數 ➡ 70712-（24924+0+2374）＝ 43414

3. 多空淨額 ➡ 38094÷43414 ＝ 0.88

――數據為負數，表示散戶看空，指數偏多

4. 散戶多空比 ➡ -5320÷70712 ＝ -7.527%

5. 散戶未平倉 ➡ 38094-43412 ＝ -5230

觀察重點——散戶連續作多期貨，是大盤轉空的訊號

以 2020 年 2 月為例。2 月 14 日散戶作空為 36,126 口，作多為 29,129 口，空單多於多單達 6,997 口，那天加權指數為 11,815 點，上漲了 23.92 點。在 2 月 20 日到 27 日，散戶開始作多，這意味著指數即將反轉向下。

2 月 20 日，散戶作多 26,677 口，作空 24,568 口，多單大於空單，那天台股下跌 33.75 點。散戶仍然持續作多，2 月 24 日多單大於空單達 7,316 口，美股道瓊大跌 1,031 點，台股跌了 151.48 點，跌幅為 1.3％。

儘管如此，散戶依然不死心持續作多。在 2 月 26 日，散戶增加多單，從昨天的 30,811 口增加到 34,286 口，多單大於空單達 3,694 口，台股下跌 106.61 點。那幾天，美股及台股的下跌，並沒有嚇到散戶，他們堅持作多，尤其在 2 月 27 日多單為 35,093 口，較前一天的 34,286，增加了 807 口，而空單為 28,804 口，較前一天減少 1,788 口。

表 2-5 散戶期貨操作與大盤的關係

	特殊事件	大盤資訊				散戶多空 - 未沖銷契約量查詢			散戶多空 - 未平倉口數查詢	
		加權指數	漲跌	漲跌幅	成交量	散戶看多	散戶看空	多空淨額	散戶多空比	散戶未平倉
2月14日		11815.7	23.92	0.20%	1120.32 多	29,129	36,126	0.81	-16.15%	(6,997)
2月17日		11763.51	(52.19)	-0.44%	1124.16 空	28,356	30,725	0.92	-5.48%	(2,369)
2月18日		11648.98	(114.53)	-0.97%	1392.23 多	29,962	26,306	1.14	7.89%	空 3,656
2月19日	月結算日	11758.84	109.86	0.94%	1371.94 多	32,255	39,641	0.81	-16.47%	多 (7,386)
2月20日		11725.09	(33.75)	-0.29%	1327.16 空	26,677	24,568	1.09	6.44%	空 2,109
2月21日		11686.35	(38.74)	-0.33%	1238.91 多	27,119	24,436	1.11	7.97%	空 2,683
2月24日	美股大跌	11534.87	(151.48)	-1.30%	1385.67 多	31,007	23,691	1.31	20.11%	空 7,316
2月25日		11540.23	5.36	0.05%	1541.58 多	30,811	27,146	1.14	9.46%	空 3,665
2月26日		11433.62	(106.61)	-0.92%	1760.58 空	34,286	30,592	1.12	9.17%	空 3,694
2月27日	美股大跌，史上最大跌點融資大減	11292.17	(141.45)	-1.24%	2017.89 空	35,093	28,804	1.22	14.84%	空 6,289

表 2-6 散戶期貨操作表現

	特殊事件	大盤資訊				散戶多空 - 未沖銷契約量查詢			散戶多空 - 未平倉口數查詢	
		加權指數	漲跌	漲跌幅	成交量	散戶看多	散戶看空	多空淨額	散戶多空比	散戶未平倉
3月23日		8890.03	(344.06)	-3.73%	1472.85	多 21,459	26,069	0.82	-12.44%	多(4,610)
3月24日		9285.62	395.59	4.45%	1536.99	多 21,003	28,189	0.75	-18.48%	多(7,186)
3月25日		9644.75	359.13	3.87%	1833.99	多 20,540	25,534	0.80	-13.82%	多(4,994)
3月26日		9736.36	91.61	0.95%	1532.01	多 27,010	25,921	1.04	2.80%	空 1,089
3月27日		9698.92	(37.44)	-0.38%	1805.96	多 28,384	26,276	1.08	5.07%	空 2,108
3月30日		9629.43	(69.49)	-0.72%	1264.94	多 30,060	27,578	1.09	5.57%	空 2,482
3月31日		9708.06	78.63	0.82%	1441.69	多 28,405	28,773	0.99	-0.82%	多 (368)
4月1日	清明4天長假	9663.63	(44.43)	-0.46%	1179.56	空 28,543	29,949	0.95	-3.30%	多(1,406)
4月6日		9818.74	155.11	1.61%	1501.91	多 28,810	30,297	0.95	-3.43%	多(1,487)
4月7日		9996.39	177.65	1.81%	1716.45	空 29,126	32,533	0.90	-7.08%	多(3,407)
4月8日		10137.47	141.08	1.41%	1693.41	多 33,177	34,061	0.97	-1.84%	(884)
4月9日		10119.43	(18.04)	-0.18%	1635.77	多 31,957	32,391	0.99	-0.94%	(434)
4月10日		10157.61	38.18	0.38%	1216.50	空 32,340	34,786	0.93	-5.08%	多(2,446)

那天晚上美國道瓊指數下跌 1,191 點，跌幅達 4.4％，為歷史單日跌幅最慘的一天。隔天，台股的開盤當然也很慘烈，跌了 141.45 點，跌幅為 -1.24％。

那是美股遭遇金融海嘯以來跌幅最最慘烈的一周，散戶卻作多期貨，而且不斷加碼。所以，看到散戶連續作多期貨，就是大盤轉空的訊號，我就會提高警覺。

2020 年 3 月 20 日，國安基金宣布進場後，散戶卻開始作空期貨，從 3 月 31 日到 4 月 10 日，大盤指數從 9,708.06 漲到 10,157.61，空單卻一路增加。3 月 31 日散戶未平倉空單為 368 口，4 月 10 日為 2,446 口。

觀察重點──散戶操作和小台指的變化

不過，2021 年 5 月底以後，我發現有些改變。以往，散戶在小台作多，指數會下跌，現在指數反而是上漲的，有兩個原因：

❶ 期交所將期貨保證金拉高的。以前大台一口只要 7 至 8 萬元保證金，今年開始拉到 1 口大台要到 17 至 18 萬元。

| 表 2-7 | 散戶看多看空與市場實際表現 |

散戶多空 - 未沖銷契約量查詢			散戶多空 - 未平倉口數查詢		實際表現
散戶看多	散戶看空	多空淨額	散戶多空比	散戶未平倉	
37,116	29,145	1.27	16.38%	7,971	隔天上漲 209.18 點
42,045	38,785	1.11	7.86%	4,260	隔天下跌 6.26 點
42,029	32,899	1.28	17.28%	9,130	隔天下跌 62.38 點
38,609	30,285	1.38	16.48%	8,324	隔天上漲 15.40 點
41,194	29,840	1.54	21.83%	11,354	隔天下跌 204.61 點
42,221	27,363	1.38	27.49%	14,858	隔天上漲 152.85 點
39,706	28,770	1.38	20.97%	10,936	隔天上漲 33.19 點
39,452	29,949	1.32	17.77%	9,503	隔天下跌 1.77 點
38,589	29,382	1.31	17.67%	9,207	隔天上漲 188.44 點

❷ 做程式交易、高頻交易的人，受到保證金提高影響，轉戰至小台。過去做大台的大戶是不做小台的，但是現在他要花更多成本才能做到原來的獲利，就轉買小台，小台因而變聰明了。

在發現這個現象之後，我調整了一下觀察方式，將「散戶未平倉」口數和前一天對比，仍然具有參考性。雖然無法看出

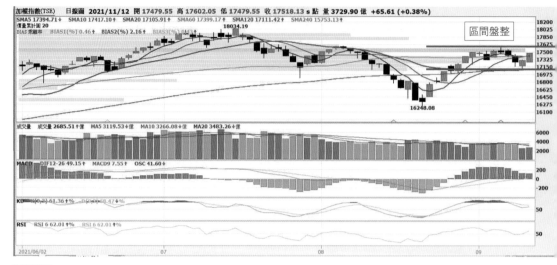

加權指數(TSE)　日線圖 2021/11/12 開 17479.55 高 17602.05 低 17479.55 收 17518.13 s 點 量 3729.90 億 +65.61 (+0.38%)

18034.19

16248.08

成交量 成交量 2685.51↑億　MA5 3119.53↓億　MA10 3266.08↓億　MA20 3483.26↑億

MACD　DIF12-26 49.15↑　MACD9 7.55↑　OSC 41.60↑

圖 2-2　大盤區間盤整，散戶比較能掌握多空

漲跌趨勢，卻能看出每天的變化。

　　如表 2-7，第 2 行「散戶未平倉」有 4,260 口，隔天為 9,130 口，增加近 5,000 口，多單增加，隔天大盤下跌的機會是高的。果真，隔天指數下跌 62 點。在第 5 行「散戶未平倉」有 11,354 口，較前一天增加近 3,000 口，隔天指數下跌 204 點。

　　不過，這個指標在大盤指數區間盤整時不準，當多空趨勢出來的時候，就較準確。區間盤整的概念就是，在指數漲到區間上緣時要作空，來到區間下緣時要作多偏向逆勢交易，符合散戶的習性，散戶在這時候就會獲利。

08 觀察指標6：
美國公債殖利率

　　台股向來受美股影響很深，如果美股前一天漲，台股隔天開盤上漲的機率就很大，反之亦然。

　　美國是完全競爭市場，資訊透明、對市場的反應速度也很快，而且超前。這是我在做債券交易時發現的，美國3個月、2年、10年、30年公債殖利率會影響美國股市漲跌，進而影響台股。

觀察重點——短天期率高於長天期，景氣開始衰退

　　試想，當你到銀行存錢，3個月的定存利率，和1年、2年、10年相比，哪一個利率會比較高？當然是存越久、利息越

高。所以，10 年的定存利率高於 3 個月。同理可知，美國 10 年公債利率，會高於 3 年，當情況不是這樣時，就是告訴你，景氣已經出現變化。

當景氣開始步入衰退時，短天期率會高於長天期（2 年、10 年、30 年）利率，這是有統計資料佐證的。2000 年網路泡沫、2008 年金融海嘯、2015 年美國聯準會實施 QE，以及 2020 年的 COVID-19，都可以看到美國 3 個月公債利率高於 10 年，代表景氣準備要進入衰退期。

觀察重點——利率反轉是先行指標

通常利率反轉會出現在景氣衰退前的六個月左右，它是先行指標。股市大約再過二至三個月才會開始下跌。一旦利率恢復正常，也就是長天期利率比短天期高，景氣就會開始復甦。此時，股市上漲的速度會比較快，大約只要 1 個月左右的時間。

美國公債殖利率每天都會變動，所以，我每天都會記錄。

當我發現短天期利率高於長天期利率時,就會開始留意是否景氣出現變化。如果這個數據只出現一、二天,就不用太擔憂,如果時間較長,像是半個月到一個月都如此,就代表經濟環境發生改變。

表2-8　美國公債殖利率曲線與衰退時點

	2000 年 網路科技泡沫	2008 年金融海嘯	2020 新冠疫情
10 年期－3 個月期≦ 0	2000 年第四季	2006 年第三季	2019 年第三季
10 年期－2 年期≦ 0	2000 年第一季	2006 年第三季	2019 年第三季
衰退時點	2001 年第一季	2007 年第四季	2020 年第一季

資料來源:聯準會

從表 2-8 可以看到,2019 年第二季 10 年期公債殖利率低於 3 個月,景氣已經開始出現衰退跡象。到了第三季,10 年公債殖利率低於 2 年,這是警訊。當看到這兩個數據,我會有心理準備,知道景氣即將下滑,然而,它只是先行指標,景氣並不會立刻反轉,再過半年,在 2020 年第一季景氣才確定衰退。

只要能了解美國公債殖利率變化,就能幫助我們提早掌握

TPEx 公債殖利率曲線圖
（Treasury Yield Curve）

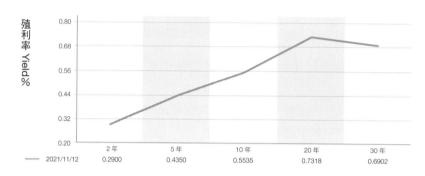

	2 年	5 年	10 年	20 年	30 年
2021/11/12	0.2900	0.4350	0.5535	0.7318	0.6902

圖 2-4　美國公債殖利率曲線圖

股市的反轉訊號。在景氣衰退前，通常股市會來到高點。記得此時，逢高不要追股票，並要開始獲利了結。

景氣衰退的操作之道

2020 年 COVID-19 對台股造成不小的影響。2020 年 1 月美股和台股都來到高點。而新冠肺炎疫情大爆發是在台灣過年那段時間，也就是 2 月，股價在 1 月卻已經來到高點。直到 2

月美股下跌，台股受美股影響，也開始走跌。如果能夠預先從美國公債殖利率判斷出景氣未來走勢，就能避掉後面很大段的股市跌幅。

當股市下跌時，最好能將手上多方持股部位賣掉，等待股市跌深、落底。如果無法做到停利或停損，當資金都被套住，就無法進場撿便宜，也沒辦法擴大自己的獲利。

美股 2020 年 3 月四度熔斷後，美國政府為了救市，實施量化寬鬆政策。當我觀察到美國 10 年公債殖利率高於 3 個月，代表股市已經來到相對低點。於是，勇敢進場布局。

一般而言，景氣衰退都要持續一年半到二年才會反轉。2020 年是個特例，第三季景氣就翻揚，這是因為政府透過人為方式強力介入經濟。

09 觀察指標 7：選擇權

　　選擇權是較現貨、期貨更高風險、槓桿更高的金融工具。它的風險更高，也意味著有機會賺快錢。所以是外資和自營商最喜歡用的交易工具。

　　我先來說明什麼是選擇權。它是一種權利契約，買方支付權利金後，有權利在未來約定的某個特定時間（到期日），依約定的履約價格（Strike Price），買入或賣出一定數量的約定標的。

　　選擇權依權利型態可以分為買權（Call Option）和賣權（Put Option）。

　　❶ 買權（Call Option）是指該權利的買方，有權在約定期

間內，以履約價格買入約定標的物，但沒有義務一定要執行該項權利；買權的賣方則有義務在買方選擇執行買入權利時，依約履行賣出標的物。

❷ 賣權（Put Option）是指該權利的買方，有權在約定時間內，以履約價格賣出約定標的物，但沒有義務一定要執行該項權利；賣權的賣方有義務在買方選擇執行賣出權利時，依約履行賣出標的物。

表 2-9　外資、自營商選擇權：買權、賣權操作看法

	買權	賣權
買方	買入買權（Buy Call） → 看大漲	買入賣權（Buy Put） → 看大跌
賣方	賣出買權（Sell Call） → 看不大漲	賣出賣權（Sell Put） → 看不大跌

想要掌握大盤指數的趨勢及轉折，就要留意外資、自營商買入「買權」和買入「賣權」就可以。觀察到他們買入「買權」的金額較前一天來得大，代表看漲；買入「賣權」的變化也特別大時，代表看跌。

外資的資金部位比較大，對大盤指數有控盤能力，所以，常做買入「買權」（看大漲）和買入「賣權」（看大跌），目的是藉由指數大幅變動獲利。又因為外資很會抓急跌，可以透過他們在選擇權的操作，判斷趨勢，可以說是最佳的先行指標。

　　以 2020 年 3 月為例，3 月 5 日外資在「選權未平倉」餘額的買入「賣權」為 7 億 4,840 萬元，3 月 6 日增加到 11 億 7362 萬元，一口氣增加了五成六。不過一天，就看到外資在賣權的操作轉變方向，變成看大跌。

　　3 月 9 日，外資繼續買入「賣權」，金額增加到 19 億 3,455 萬元。其後，一路加碼到 3 月 17 日的 77 億 5,240 萬元。外資一路不停增加空單，大盤最後跌到 3 月 19 日的 8,523 點，來到了 10 年線。

　　當我們在盤後觀察到外資的大舉動作，就要特別留意指數要變盤了，這代表外資已經知道要發生什麼大事，提早布局。果不其然，3 月 6 日台股跌了 193.01 點。這一天是那一波台股大跌的起跌點。

最後，在國安基金宣布進場的前一天，也就是 3 月 20
日，外資將選擇權空單部位慢慢降下，買入「賣權」從 3 月 19
日的 68 億 7,815 萬元，降為 50 億 1,927 萬元，降了近三成，
意味台股即將翻多。後來，外資一路降低，台股一路上漲。

觀察重點——自營商善於抓轉折

我們也可以觀察自營商在選擇權的布局。他們的資金雖然
不如外資來得多，無法影響大盤漲跌，但是，在關鍵時刻卻能
夠早一步掌握盤勢多空，是值得觀察的指標。

3 月 6 日自營商買入「賣權」為 11 億 132 萬元，3 月 9 日
增加到 17 億 5,362 萬元，一天就增加了近六成，同樣看空台
股。

當我們同時看到外資及自營商選擇權的布局方向一致，就
要提高警覺。

表 2-10 外資空單與大盤的連動性

	特殊事件	大盤資訊				
		加權指數	漲跌	漲跌幅	成交量	
3 月 5 日		11514.82	122.47	1.08%	1441.96	
3 月 6 日		11321.81	(193.01)	-1.68%	1494.27	
3 月 9 日		10977.64	(344.17)	-3.04%	2317.05	
3 月 10 日		11003.54	25.90	0.24%	2054.5	
3 月 11 日		10893.75	(109.79)	-1.00%	1750.82	
3 月 12 日		10422.32	(471.43)	-4.33%	2705.64	
3 月 13 日		10128.87	(293.45)	-2.82%	3028.25	
3 月 16 日	美國突然降息 4 碼，美股期貨盤下跌熔斷	9717.77	(411.10)	-4.06%	2099.70	
3 月 17 日		9439.63	(278.14)	-2.86%	2366.20	
3 月 18 日	月結算日	9218.67	(220.96)	-2.34%	2104.18	
3 月 19 日	跌破 10 年線	8681.34	(537.33)	-0.06%	2702.77	
3 月 20 日	國安基金宣布進場	9234.09	552.75	6.37%	2347.34	

選擇權未平倉				
外資 (買) 口數	外資 (買) 契約金額	外資 (賣) 口數	外資 (賣) 契約金額	外資買權 / 賣權比
36,283	610,703	133,103	748,407	0.816
43,474	504,117	153,737	1,173,621	0.430
50,264	409,902	150,561	1,935,444	0.212
61,315	626,166	156,304	1,758,805	0.356
49,530	606,351	142,171	2,003,370	0.303
58,941	486,236	161,332	3,298,926	0.147
64,391	413,641	167,077	4,820,690	0.086
73,131	305,053	164,039	6,605,846	0.046
71,889	192,977	154,009	7,752,408	0.025
16,004	113,814	58,798	5,475,964	0.021
23,643	117,171	62,457	6,878,156	0.017
36,358	228,311	66,543	5,019,276	0.045

表 2-11　外資及自營商選擇權的觀察

	特殊事件	大盤資訊				
		加權指數	漲跌	漲跌幅	成交量	
3 月 3 日		11327.72	157.26	1.41%	1619.58	
3 月 4 日		11392.35	64.63	0.57%	1378.62	
3 月 5 日		11514.82	122.47	1.08%	1441.96	
3 月 6 日		11321.81	(193.01)	-1.68%	1494.27	
3 月 9 日		10977.64	(344.17)	-3.04%	2317.05	
3 月 10 日		11003.54	25.90	0.24%	2054.5	
3 月 11 日		10893.75	(109.79)	-1.00%	1750.82	
3 月 12 日		10422.32	(471.43)	-4.33%	2705.64	
3 月 13 日		10128.87	(293.45)	-2.82%	3028.25	
3 月 16 日	美國突然降息 4 碼，美股期 貨盤下跌熔斷	9717.77	(411.10)	-4.06%	2099.70	
3 月 17 日		9439.63	(278.14)	-2.86%	2366.20	
3 月 18 日	月結算日	9218.67	(220.96)	-2.34%	2104.18	
3 月 19 日	跌破 10 年線	8681.34	(537.33)	-0.06%	2702.77	
3 月 20 日	國安基金宣布 進場	9234.09	552.75	6.37%	2347.34	

選擇權未平倉				
自營（買）口數	自營（買）契約金額	自營（賣）口數	自營（賣）契約金額	外資（賣）契約金額
(45,180)	(467,400)	(121,649)	(909,122)	899,304
(38,460)	(505,465)	(124,082)	(905,725)	891,615
(30,574)	(531,355)	(131,889)	(783,246)	748,407
(47,254)	(483,297)	(125,979)	(1,101,326)	1,173,621
(63,686)	(348,768)	(133,945)	(1,753,622)	1,935,444
(107,900)	(619,308)	(111,925)	(1,595,662)	1,758,805
(74,852)	(615,358)	(135,703)	(1,994,519)	2,003,370
(96,487)	(437,583)	(134,770)	(3,180,421)	3,298,926
(138,414)	(500,151)	(125,470)	(4,556,018)	4,820,690
(159,118)	(311,107)	(132,032)	(6,241,846)	6,605,846
(183,591)	(229,745)	(121,315)	(7,171,009)	7,752,408
(29,285)	(133,586)	(64,240)	(5,720,120)	5,475,964
(37,203)	(119,936)	(60,877)	(7,075,963)	6,878,156
(37,037)	(79,705)	(58,672)	(5,165,034)	5,019,276

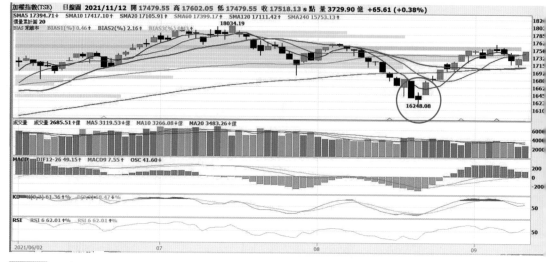

圖 2-6 大盤實際表現

　　這也是我要每天記錄這些數字變化的原因，因為趨勢是一天天累積起來的，每天記錄能夠發現他們改變原本的布局，從每天增減幅度不大，到突然有一天大舉增加或減少金額，就能第一時間敏銳觀察到趨勢要改變了，並快速做出相對回應。

　　另外，要特別留意，我在這裡用的紀錄是契約金額，而不是期貨的契約口數。主要是因為選擇每一價位的口數價值不等，要以金額來計算才客觀。

10

STEP2 法人籌碼表：
波段操作的絕佳武器

　　掌握大盤多空走勢後，接下來就是如何選擇個股操作。我的選股方式是看法人（外資、投信）籌碼。每天，我會記錄外資、投信買賣超排行榜，從中找到法人剛上車或持續買進的股票，再用基本面排除地雷股，最後用技術面找到進出場點。

　　在台股有三大法人，指的是外資、投信、自營商。我會以外資、投信這兩大法人買進、賣出的股票為主。因自營商操作股票比較短線，今天買，明天就有可能賣出，較不具參考性。

　　❶ 先來說明何謂外資。是指資金來自台灣以外的外國機構投信，又可分為「真外資」和「假外資」。真外資是境外機構投資人，包括國外基金公司、銀行、保險公司、ETF 等，他們的資金部位非常大。買進的股票以上市公司為主，也就是「權

值股」，包括台積電、聯電、聯發科、鴻海、日月光、和泰車、中鋼等。在上櫃公司部分，以「富櫃五十」為主，如環球晶、世界先進、中美晶等。

當外資看好一檔股票，會持續、穩定的買進。因為外資的資金部位很大，可以左右台股動向，尤其是大盤多空，資金流向就相當重要。

假外資是國內法人或大戶到海外成立紙上公司，再回到國內，找本土或外資券商開戶。在交易所公布的外資買賣，並沒有分辨真假外資。不過，可以透過外資買賣的個股（權值股或是中小型股）來判斷。

❷「投信」是主要發行基金、ETF 的金融機構。這些基金、ETF 經由大眾募資，募集資金後再加以管理，管理方式會依照發行前的公開說明書所載。由於投信公司經營主要依靠發行商品，如：基金、ETF，所收的管理費而來，越多的人買基金，基金越大，所收的管理費越多，投信的經營就會越好。

一檔基金要如何變大？績效好壞是主要原因。一檔基金的績效很好，就會吸引市場目光，投信法人會想要進場買進，就

像一檔股票一直漲，就會受到投資人的關注，想要進場。

　　基金的績效來自於排名，每一檔基金有它的屬性，如：股票型、債券型、商品型（黃金、石油等），如果在同類型的基金排名在前面，就是好基金。

　　我特別看中投信選中的股票，有三個特點：

　　❶ 對台灣本土企業及產業較為熟悉，因為有在地優勢，在台灣有較多的研究團隊，相對的，也掌握比較多資源。加上，對本地企業的訊息來源豐富，還能經常拜訪上市櫃公司，較能掌握到第一手消息。

　　❷ 以中小型股為主。因資金較外資少，為凸顯投資績效，會選擇股本較小、籌碼較輕的個股。這些個股一旦被投信相中並買進，很容易成為波段飆股。

　　❸ 根據法規規定，投信買賣個股的投資決策，都要依據研究報告，至少必須要有基本面數據的支持。經過研究員拜訪企業，再整理成報告，買進一檔股票，意味企業的財務報表必須要很透明，才能提供研究員撰寫報告的依據。在這套制度下選股，投信選股踩雷的機會就不太大。

另外，在每一季的季末，基金公司會評比基金績效。基金公司為了募集基金的商業考量、基金經理人為了業績及個人職涯發展等因素，會全力「作帳」，也就是拉台個股股價。因此，我們會聽到「投信認養股」，只要能選擇投信持續買進的股票，就能搭上順風車，跟著賺一個波段的漲幅。

　　再加上投信受制於法規，買進股票時，不能一次買滿，必須分批買進。所以，可以利用每天的法人籌碼表，找出投信連續買超的股票，尤其是投信剛買超的股票，就可以搭轎。

如何製作法人籌碼表

　　每天盤後，我會整理法人、投信當日買賣超個股，做成一張「籌碼表名單」。這份名單是依據證交所、櫃買中心公布的資訊。包含以下內容：

❶ 上市投信買超排行榜前 35 名、賣超前 35 名、上市外資買超 35 名、外資賣超 35 名。

❷ 上櫃投信買超排行榜前 35 名、賣超前 35 名、上櫃外資買超 35 名、外資賣超 35 名。

我會用顏色標記個股，代表意義如下：

- **紅色**——投信與外資兩個法人同時看好，或是同時看壞的股票，是我心目中的優選。作多，就選投信、外資同時買進的；作空，就選兩大法人同時賣出的。

- **藍色**——投信或外資連續兩天買進，對當沖來說滿有用的。它代表外資和投信連續看好，因此會連續買。當你知道他們連續買進，可以作為當沖標的。

- **綠色**——投信與外資一買一賣，例如外資買、投信賣，或是外資賣、投信買。盡量避免綠色，不要挑對作的股票。

- ——在五天前未進榜的股票，也就是投信或外資新買進的股票。可以小部位試單，再觀察投信或外資，是否連續買進。

在選擇股票時，最好能挑到一檔股票，既是黃色或白色

表 2-12 我的法人籌碼表製作

同買			連買賣		
2021 年 9 月 27 日 << 上市 >> 外資及陸資買賣超					
證券代號	證券名稱	買賣超股數	證券代號	證券名稱	買賣超股數
3481	群創	58,412,587	2303	聯電	-25,599,761
1305	華夏	14,425,750	2603	長榮	-23,973,159
1312	國喬	11,740,000	2002	中鋼	-17,268,663
2888	新光金	10,302,182	1308	亞聚	-6,824,314
2882	國泰金	9,520,150	3037	欣興	-6,815,130
1314	中石化	9,188,000	0050	元大 台灣 50	-6,540,991
2610	華航	8,085,000	2615	萬海	-5,945,809
2618	長榮航	7,200,275	2368	金像電	-5,669,000
2454	聯發科	6,460,330	2609	陽明	-5,388,403
1718	中纖	6,032,000	2344	華邦電	-4,694,315
1313	聯成	5,896,000	3711	日月光 投控	-4,271,727
2356	英業達	5,585,100	1904	正隆	-3,642,000
1802	台玻	4,865,000	2436	偉詮電	-2,899,800

反方向			新進榜		
投信買賣超					
證券代號	證券名稱	買賣超股數	證券代號	證券名稱	買賣超股數
3481	群創	18,957,049	2002	中鋼	-6,209,000
2409	友達	16,345,966	1434	福懋	-4,201,000
1308	亞聚	7,713,000	2542	興富發	-3,220,000
2883	開發金	5,981,496	2385	群光	-1,854,000
2324	仁寶	4,616,584	2449	京元電子	-1,760,000
1301	台塑	3,893,666	2368	金像電	-1,691,000
2356	英業達	3,517,000	2108	南帝	-1,471,000
1305	華夏	2,977,000	2441	超豐	-1,419,000
2436	偉詮電	2,321,000	2915	潤泰全	-1,409,000
2886	兆豐金	2,192,000	2809	京城銀	-1,400,000
1101	台泥	1,912,779	6176	瑞儀	-1,157,000
1102	亞泥	1,829,000	3231	緯創	-1,066,601
2603	長榮	1,706,000	5522	遠雄	-1,000,000

（投信或外資剛買進），又是紅色（外資、投信同時看好）和藍色（連續買兩天），就會是一檔有波段上漲潛力的股票。

如何運用籌碼表，找到投信認養股？

❶ 可以留意剛進榜的股票，選白色或黃色的，或是投信之前買過，但有一段時間沒買（所以沒進榜），再度買進（白色或黃色）。

❷ 股票位階不高。每個人手中的資金都有限，不可能每一檔都買。我會優先看個股的位階，如果股票在平台整理了一段時間，還沒有起漲，但正要上漲，在越靠近月線的地方就是最好的進場點位。

❸ 隔日量增，可先試單，若投信買進，可再加碼。

❹ 若配合技術面，包括多方架構、K線型態，會提高勝率，尤其是短線上的勝率。

Notes

案例：友達（2409）、群創（3841）

2020 年 6 月 1 日外資買進友達、群創，但投信並沒有買。

6 月 2 日，我觀察到它，因為外資、投信同買。它同時符合黃色、紅色、藍色三個條件。

6 月 1 日還在盤整的位置，股價不過 7 元多。隔天開盤，可以先試單。後來，外資一路不停買，投信也加入。

當買進一檔個股後，它若是如預期股價往上漲，尾盤可以再加碼；第 2 天再上漲、再加碼。做對一檔股票，可以持續加碼。後來，它的股價一直上漲，最高漲到 37 元，漲幅達五倍多。

選擇從平台起漲的股票，是最安全的買法。就算這檔股價最後沒有漲，也不會賠錢。原則上，這種挑股方式，勝率高達八成。

表 2-13 2020 年 6 月 1 至 3 日法人籌碼表觀察

6 月 1 日 << 上市 >> 外資及陸資買賣超

證券代號	證券名稱	買賣超股數
00637L	元大滬深 300 正 2	35,420,000
3481	群創	28,778,645
2409	友達	24,913,510

6 月 2 日 << 上市 >> 外資及陸資買賣超

證券代號	證券名稱	買賣超股數
2888	新光金	15,564,814
00677U	富邦 VIX	15,002,000
2303	聯電	12,175,692
3481	群創	12,093,254
2409	友達	11,695,918

6 月 3 日 << 上市 >> 外資及陸資買賣超

證券代號	證券名稱	買賣超股數
3481	群創	78,832,124
2409	友達	56,827,000

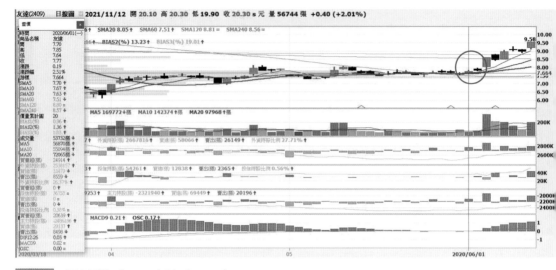

圖 2-6 平台剛起來——友達（2409）

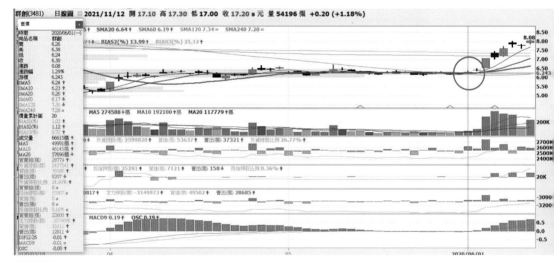

圖 2-7 平台剛起來——群創（3841）

何謂平台，突破是什麼？

　　什麼是平台？為什麼要買在平台突破的股票？先說明何謂平台？當指數或個股股價在整理一段時間之後，會成為一個平台，有以下幾個特點：

❶ 整理期間的 K 棒高點不過前高，低點卻在前根 K 棒低點之下，或是今天的 K 棒高點過了前高，低點也過了前低，形成長 K 棒。但是，隔天卻相反，高不過高，低破前低等情形，如此反覆。

❷ 短期均線糾結。

❸ 整理初期，成交量會增加或持平，到了整理末端，成交量會量縮。

❹ 突破時進場，就會站到有利位置。

案例：雙鴻（3324）

2020 年 6 月底雙鴻出現了區間盤整，也就是 K 棒有上有下，並沒有方向性，仍在平台。觀察它的技術指標，5 日、10 日、20 日均線糾結，處在整理末期，而且量縮；MACD 綠棒縮小，代表有上漲機率；再搭配周線，為多頭型態；籌碼部分，大戶持股增加、散戶持股減少，有利多頭。

7 月 1 日突破平台，在第一天買進是最好的價位。即使買進後，股價回檔，仍會在買進成本之上，就能抱得住。

出場點可以設 10 日線，守住就續抱，跌破再賣出。

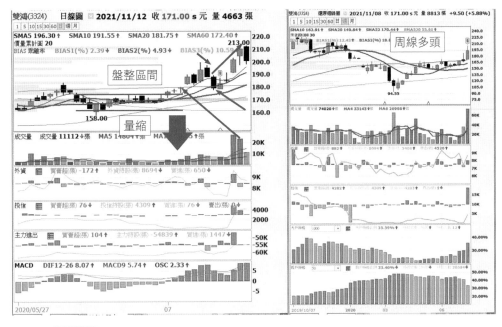

圖 2-8 突破平台上漲──雙鴻（3324）

案例：景碩（3189）

在 2020 年 5 月 29 日的盤後籌碼表中看到景碩時，它是白色，代表投信才剛進場。

表2-14　2020 年 5 月 29 日法人籌碼表觀察

5 月 29 日投信買賣超		
證券代號	證券名稱	買賣超股數
2603	長榮	3,001,000
6456	GIS-KY	1,995,000
2823	中壽	1,304,000
3037	欣興	1,236,000
2382	廣達	1,170,000
2458	義隆	1,153,000
2633	台灣高鐵	1,000,000
1717	長興	880,000
3189	景碩	867,000

5 月 29 日投信剛買，可以看看 6 月 1 日的位階如何，是否在平台整理中。

6 月 1 日投信連續買兩天，盤後籌碼表就變成「藍色」，可以關注。接下來，就要看它的股票位階，是否已經漲上去？

表 2-15 2020 年 6 月 1 日法人籌碼表觀察

6 月 1 日投信買賣超		
證券代號	證券名稱	買賣超股數
2603	長榮	5,893,000
2303	聯電	4,932,000
6456	GIS-KY	1,495,000
8046	南電	1,352,000
1309	台達化	1,328,000
3189	景碩	1,259,000

6 月 1 日剛好突破平台整理，且收在月線之上，周線型態也開始轉多。技術指標 MACD 由綠轉紅，就有很大的機會發動。隔天開盤可以準備買進。買進後如果它沒有如預期股價馬上發動，而是進入平台，若此時量縮，代表仍在整理，只要沒跌破 10 日線、月線，且法人持續買超，就有上漲機會。

表2-16 **2020 年 6 月 2 日法人籌碼表觀察**

6 月 2 日投信買賣超		
證券代號	證券名稱	買賣超股數
3189	景碩	3,242,000
2458	義隆	1,633,000
6456	GIS-KY	1,621,000
2603	長榮	1,600,000

在 6 月 2 日的法人籌碼表中，景碩是投信買超第一名，表示它被盯上了，隨時準備發動。若 6 月 3 日開盤 54 元買進，那一波最高漲到 90 元，波段持股者有高達六成多的獲利。

6月1日突破平台整理，收在月線之上，周線型態轉多。

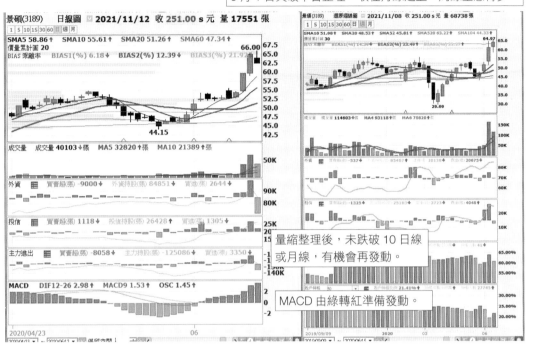

量縮整理後，未跌破 10 日線
或月線，有機會再發動。

MACD 由綠轉紅準備發動。

圖 2-9　突破平台上漲——景碩（3189）

選擇白色或黃色，投信、法人剛進場

在法人籌碼表中，我會優先選擇白色或黃色的股票，代表外資或投信才剛進場，這種股票的位階都不會太高，且在平台附近整理，尤其在月線附近，帶量往上漲，再搭配技術線型和籌碼分析，通常都能找到好股票。

這些股票的上漲機率，會比下跌機率高。以 2020 年 10 月 16 日盤後的法人籌碼表為例，可以看到上市投信買超最多的是日月光投控（3711）、晶技（3042）、啟碁（6285）、南電（8046）、聚陽（1477），以下說明。

表 2-17　2020 年 10 月 16 日法人籌碼表觀察

2020 年 10 月 16 日投信買賣超					
證券代號	證券名稱	買賣超股數	證券代號	證券名稱	買賣超股數
2368	金像電	5,620,000	2303	聯電	-3,737,000
0056	元大高股息	2,340,000	6443	元晶	-2,291,000
☆ 3711	日月光投控	2,013,000	2356	英業達	-2,229,000
3481	群創	1,632,000	2504	國產	-1,590,000
☆ 3042	晶技	1,546,000	1909	榮成	-856,000
★ 6285	啟碁	1,508,000	1762	中化生	-611,000
3037	欣興	1,454,000	2458	義隆	-602,000
2312	金寶	1,300,000	1102	亞泥	-484,000
1513	中興電	642,000	1101	台泥	-473,000
1304	台聚	600,000	2481	強茂	-450,000
★ 8046	南電	557,000	2330	台積電	-367,000
☆ 2108	南帝	550,000	4938	和碩	-314,000
☆ 1477	聚陽	450,000	6257	矽格	-300,000
2392	正崴	404,000	2345	智邦	-257,000
1309	台達化	398,000	4927	泰鼎 -KY	-250,000
2308	台達電	268,000	2006	東和鋼鐵	-240,000
2455	全新	258,000	6269	台郡	-225,000
4968	立積	241,000	2615	萬海	-200,000

案例：日月光（3711）

2020 年 10 月 16 日在平台整理一段時間，在這之前投信有買，且連買三天，但是買的數量不多，所以沒進入法人籌碼表中。直到這一天，投信大買 2,013 張，才進入法人籌碼表名單。不過，外資小買，所以它並不是外資、法人同買股票。

在技術面上，MACD 紅棒增加，且大戶持股增加（10 月 16 日之前，散戶籌碼增加、大戶減少，所以股價往下跌，但後來這散戶持續賣出股票，法人增加，所以，股價開始往上漲）。

日月光的技術和籌碼都轉好，一旦慢慢脫離均線往上走，就是不錯的標的。10 月 16 日收盤價為 61.2 元，漲到 10 月 26 日 66.3 元，漲幅為 8％。後來，跌破 5 日線、10 日線、20 日線，嚴守紀律的人要在跌破時出場。

至於跌破 5 日線、10 日線，或是 20 日線出場，可以自己設定。我會設定 10 日線為出場點，跌破 20 日線就要全部賣出，再等待籌碼好轉及技術轉強時進場。

日月光在下跌的過程中，投信並沒有賣出，反而小量買進，代表仍然看好。11 月 2 日投信再度大買 2,992 張，隔天法人大買 47,330 張，再度進入外資、投信同買名單。有盯盤的人，11 月 2 日看到日月光跳空上漲，就可以買進，謹慎者，可以在盤後確認籌碼，隔天再買進。後來，日月光股價從 66.8 元一路上漲到 133.5 元，漲幅將近一倍。

圖 2-10　投信剛進場——日月光（3711）

案例：晶技（3042）

　　10 月 16 日投信大幅買超 1,546 張，法人買超 1,845 張，當天量增，突破 5 日線、10 日線往上漲，但仍在 20 日線以下。不過，法人大買、主力也進場，在技術面上 MACD 從綠棒轉紅棒。從周線來看，近三周都是紅棒，且往上漲。10 月 19 日突破月線，可以買進。

圖 2-11　投信剛進場──晶技（3042）

案例：啟碁（6285）

10 月 16 日投信才剛買進，但那一天外資賣超。因為外資的賣出動作不大，所以，沒有進入外資賣超的籌碼表裡。在顏色上沒有出現投信買、外資賣的「綠色」。

在技術面上，MACD 綠棒要轉為紅棒，代表它要往上了，可以在下一個開盤日買進。想做短線者，可以守 10 日線，做長線或波段可以看月線，跌破月線再出場，沒有跌破就保留。

因為啟碁的股性不是噴發型的，只要股價守在 10 日線及月線之上，就可以持有，因為投信買進了，代表有機會往上漲。

圖 2-12 投信剛進場——啟碁（6285）

案例：南電（8046）

10月16日投信買超557張，外資小買173張，當天收一個黑K，在技術面上較不利。技術指標的MACD是紅棒，大戶持股賣出，散戶買進，所以股價偏向盤整。隔天開盤買進後，股價一直在平盤整理。短線操作看10日線、月線，正式跌破10日線或是月線再出場。

若在10月16日買進南電，還在月線附近。我會強調在月線附近買進，是因為這個位置相對安全，且股價位階不高。買進後虧損，停損金額也不大。然而，當這種整理的股票，資金一旦進入，股價就會往上爆發，會有很大的漲幅。

投資時，切記要「大賺小賠」，當形勢不對出場，只是小賠，當形勢對了，就能大賺。南電在2020年起漲，2021年是飆股，股價最高漲到484元。

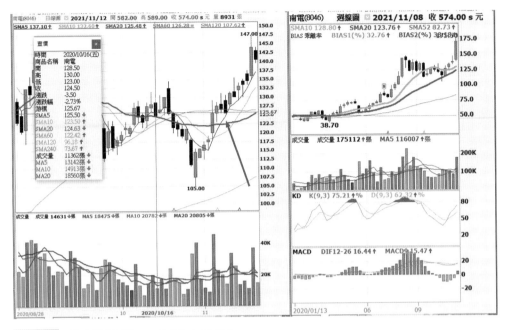

圖 2-13 投信剛進場——南電（8046）

10月16日外資買進506張，投信買進450張，當天帶量上漲、突破月線。技術面，MACD從綠棒轉成紅棒，散戶賣出，大戶增加，有利股價上漲。

再從周線觀察，上一周（10月9日）上漲，突破20周線，本周也上漲、突破10周均線。我的判斷，這是前一波段持股者獲利了結的下跌，又再度受到法人青睞，買進。若遇到大盤多方，加權指數上漲，有機會突破前一波207元高點。

在隔天一開盤，可以試單，買在173元，以10日線、20日線為防守，沒有跌破就不用出場。在2021年2月23日突破207元，最高漲到291.5元。這個波段的漲幅近七成。

買進一檔股票時，不要認為自己能夠賣在最高點，而是要紀律操作，當股價跌破自己設定的停損點時，就要出場。

圖 2-14 投信剛進場——聚陽（1477）

　　通常，在法人籌碼表裡，看到白色及黃色的個股，再搭配技術籌碼，如果都是多方，就可以進場試單。不過，不保證一定賺，機率為八成。為了提高獲勝率，我還觀察兩點：「三天」、「大量買進」。法人連續三天或是大量買進，就代表很看好它。

在第二個、第三個平台,要不要買進?

當一檔股票,看到時已經漲了一段,不是在第一個平台,而是第二個、第三個平台,此時適合買進嗎?

2020 年 6 月 24 日我觀察到美利達(9914)時,它已經上漲一段,又來到區間盤整的位置。在技術指標上,量縮盤整、均線糾結、MACD 綠棒縮小;籌碼部分,投信、外資同買;周線多頭;大戶增加,所有指標都顯示它是多方股。可以在突破盤整、帶量的那一天買進。

買進後,美利達漲了一段,7 月 15 日,又進入下一個平台整理。從 3 月底往上漲到現在,已經來到第三個平台。

遇到一檔股票在第二或第三個平台,就要去思考,是否還可以買進?尤其是越後面的平台。7 月 15 日,以線型來看,均線仍在多頭,外資、投信持續買進。如果跟著法人買,股價也許還會上漲,但要評估上漲空間還有多大,畢竟當一檔股票的股價位階高了後進場,風險會比較大。

我認為股票很多檔,可以找正在從低基期往上漲的股票,

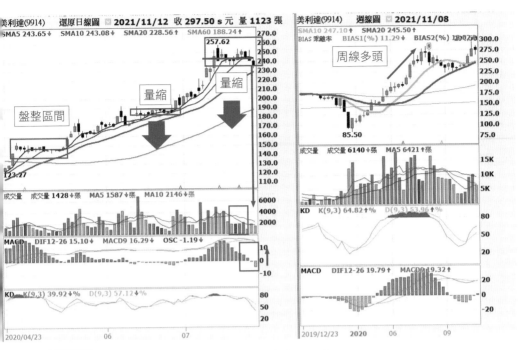

圖 2-15 第二個、第三個平台——美利達（9914）

如第一個平台，或是第二個平台。當一檔股票來到了第三平台
後，股價已經太高，若是還想買的人，就要隨時做好停損或停
利的準備。

留意法人再度買進股票

可以留意一種類型的股票：法人由「賣」轉「買」、連續「三天」買進，且一天比一天買進的張數多，股價又才剛起漲，這是上漲機率非常高的股票。

2020 年 8 月，陽明（2609）股價在 7 至 8 元的時候，只有外資買進，還在平台整理。投信直到 11 月 5 日進場大買 4,035 張，股價開始上漲。很快的，進入盤整，直到 12 月 9 日投信再度買進 5,000 張，開啟另一波漲勢。

12 月 15 日，陽明突破盤整平台，可以看到接下來幾天，投信連續大買。12 月 17 日買進 6,450 張、12 月 18 日買進 4,279 張、12 月 19 日買進 2,571 張、12 月 22 日買進 6,000 張、12 月 23 日買進 6,000 張。短短五個交易日，投信買超 25,300 張。一路推升股價到波段最高點 32.15 元。

其後，投信轉買為賣，陽明股價下跌。若在 12 月 9 日開盤 14.05 元買進，在隔年 1 月 7 日股價跌破 10 日線的 27.3 元出場，波段獲利近九成。

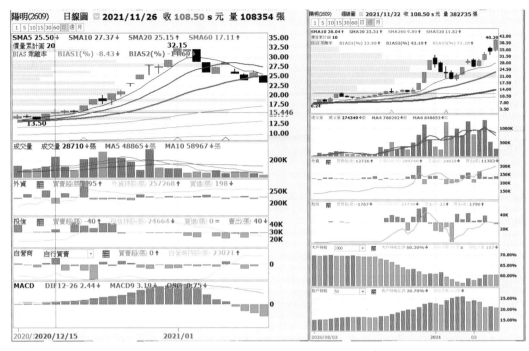

圖 2-16 陽明（2609）日線圖

　　之前提到法人由「賣」轉「買」、連續「3 天」買進，且一天比一天買進的張數更多，股價又才剛起漲，這是上漲機率非常高的股票。

　　在上波漲勢後，陽明一路跌到 2021 年的年後，2 月 3 日投信又進場布局，那天大買 5,499 張。此後的一個多月，持續買進。在 4 月 1 日，陽明股價突破 2004 年以來的新高。

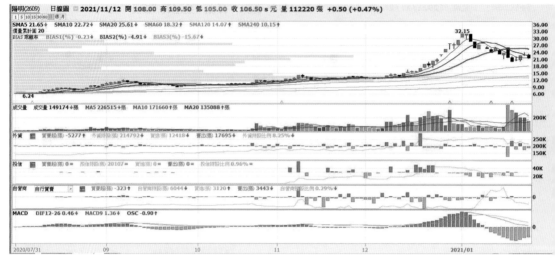

陽明（2609）日線圖（圖中文字）：
陽明(2609)　日線圖　■ 2021/11/12 開 108.00 高 109.50 低 105.00 收 106.50 s 元 量 112220 張 +0.50 (+0.47%)
SMA5 21.65↓　SMA10 22.72↓　SMA20 25.61↓　SMA60 18.32↓　SMA120 14.07↑　SMA240 10.15↑
BIAS 乖離率　BIAS1(%) -0.23↓　BIAS2(%) -4.91↓　BIAS3(%) -15.67↓
成交量　成交量 149174↓張　MA5 226515↓張　MA10 171660↑張　MA20 135088↑張
外資　買賣超(股) -5277↓　外資持股(股) 214792↓　買進(股) 12418↑　賣出(股) 17695↓　外資持股比例 8.25%↓
投信　買賣超(股) 0=　投信持股(股) 20107↓　買進(股) 0=　賣出(股) 0=　投信持股比例 0.96%=
自營商　自行買賣　買賣超(股) -323↑　自營商持股(股) 6044↓　買進(股) 3120↑　賣出(股) 3443↓　自營商持股比例 0.29%↓
MACD　DIF12-26 0.46↑　MACD9 1.36↑　OSC -0.90↑

圖 2-17　陽明（2609）日線圖

　　4 月 27 日，投信再度大買陽明 14,400 張、隔天（4 月 28
日）大買 17,055 張。投信大舉進場，帶動陽明漲勢，在 5 月
11 日股價最高來到 105.5 元，晉升百元俱樂部。

　　5 月中旬台灣爆發本土疫情，市場一片恐慌，投信大賣陽
明，股價往下跌到 5 月 17 日，最低為 66.6 元。

　　當大盤止跌回穩後，投信進場，陽明在外資、主力、散戶
的追捧下，漲到 7 月 7 日，股價最高來到 234.5 元。短短不到
半年，漲了 12 倍。

陽明自 5 月 17 日後，在上漲的過程中，股價都沒有跌破
10 日線。所以，可以用 10 日線作為出場點，當跌破時賣一
半，若是破 20 日線，就全部賣光。7 月 14 日陽明跌破 20 日
線，從強勢股轉成弱勢股。

　　2021 年航運類股狂漲，市場也出現不少「少年股神」，又
因它的股價波動大，許多散戶喜歡當沖航運股。在航運股轉弱
後，很多人還是相信它的基本面很好，應該還會再漲。

　　不過，航運的問題不在基本面，而是籌碼面。因為上面套
牢太多人，一漲就有賣壓，不利股價上攻。在這種情況下，一
旦航運的基本面開始轉差，股價就會下跌。

　　在這裡我想說一個觀念：千萬不要和股票談戀愛，該斷的
時候就要斷。

　　在過去有很多這樣的案例，如 2011 年 4 月 1 日 1,300 元的
宏達電，現在雖然有元宇宙的議題帶動，但股價仍在 80 至 90
元間；曾經的「股王」大立光，2017 年 8 月 1 日，股價曾經
來到 6,075 元，現在只有近 2,000 元；2018 年 7 月 2 日國巨股
價最高為 1,310 元，現在只剩下三成多。若買了這些股票，又

不幸被套在高點、堅持不肯認賠出場，損失可想而知。更有甚者，這些公司的股價很有可能再也回不去了。

無法看盤,該選什麼股票?

　　無法時常看盤的上班族都有相同的困擾,不知該選什麼股票買進?其實,不管是頻繁交易的或是抱波段者,都可以用平台的概念來選股。只要注意以下幾點:

1. 掌握時機。往上漲或往下跌的時機。

2. 選擇第一個起漲平台。

3. 月均線、技術指標的判斷。均線可以協助我們買進;
   波段持有跌破月均線出場,若不出場,有可能殺低。

4. 不追高、不殺低。

案例：晶技（3042）

2020 年 6 月 30 日為突破平台的第一根，投信買進 53 張，外資雖然賣超，但是那天有帶量往上攻。從技術面來看，MACD 轉紅。從周線來看，也是突破平台轉多，籌碼由散戶流向大戶，有利股價上漲。

6 月 30 日盤後看到它，下一個交易日可以買進。買進後，只要股價沒有跌破月線，就可以續抱。波段持有者，不需要時時刻刻盯著股價，只要在午餐休息時間，或是快收盤時看一下，確認它是否站在月線之上，若是沒有跌破就續抱，跌破再賣掉。

以這個波段為例，假設買在平台起漲第一天（7 月 1 日），股價為 66.7 元，最高漲到 88 元，漲幅達 31％。我們無法賣在高點，以跌破 20 日線作為出場點。8 月 20 日晶技跌破月線，股價約 79.3 元，波段持股者仍有近兩成獲利。

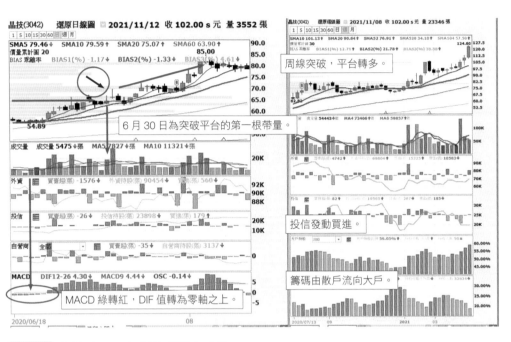

圖 2-18 晶技（3042）最佳買點在哪裡？

案例：欣興（3037）

2020 年 6 月時，一直在盤整，但投信持續都有買進，直到 6 月 30 日才正式突破平台往上漲。投信當天買進 6530 張、外資大買 29,237 張，技術指標 MACD 翻紅；周線強勢，籌碼從散戶流到大戶手中，是一檔蓄勢待發的股票。波段持有者，只要股價沒有跌破月線就抱著。

如果沒有第一時間看到欣興，又想買的人，還有進場機會嗎？當然是有的。

第二個進場點是 7 月 21 日，股價一樣在接近月線的位置，外資買進 5,130 張、投信買進 1,013 張，MACD 是紅柱，周線仍然強勢，也可以買進。

第三個買點是在 7 月 24 日，也有起漲訊號。當天收盤價為 54.7 元。做波段的人，買進後一路抱著，直到破 20 日線再賣出。8 月 27 日，新興跌破 20 日線，在收盤前，以 77.3 元賣出，波段持股獲利達四成。

散戶在買股票時，最容易犯的錯誤是「追高殺低」，所以

圖 2-19 欣興（3037）最佳買點在哪裡？

總是賺不到錢。以欣興來說，如果在第一個、第二個、第三個
買點都沒進場的人，我會建議就不要進場了，因為已經錯過最
好的買點。

很多散戶喜歡在股票漲了一個波段，看到股價一直上漲
時，才去追高，像 8 月 5 日，欣興拉了一個大紅 K，才想進
場。我建議你最好放棄，因為已經在追高，風險很大，而且不

知道上面還有多少空間。

　　每天都有很多股票正在起漲，最好能買到從平台起漲的股票，買了後才能抱著、賺到波段行情。買進和賣出一檔股票，要很有紀律的操作，而且當你有獲利了以後，才會有信心，如此一來，就能持之以恆。同時，透過獲利，不斷增加財富。

案例：博智（8155）

　　2021 年 9 月 17 日外資、投信才剛買進（黃色），再觀察兩天，依然連續買進，且股價還沒漲。

　　積極的投資人，可以在 9 月 22 日突破平台那天買進。22 日沒有買的人，23 日一樣可以進場。那天博智一開盤就跳空漲停（股價要上漲的訊號），是突破盤整的第一根，還來得及上車。

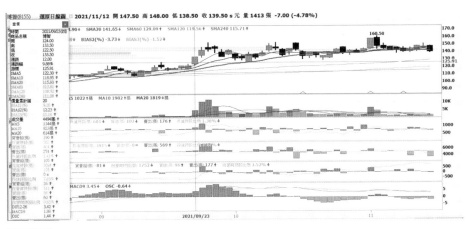

圖 2-20　博智（8155）最佳買點在哪裡？

如果 9 月 23 日沒有買進，就不要追了。股票漲多再追，就會有風險。尤其在 9 月 24 日，博智的 5 日線乖離率已經來到 11.55％，隔天若再續漲，離 5 日線的乖離率就會更高，這時候股票容易漲高壓回。果真，9 月 27 日開盤後，衝高、拉回。想買的人，可以等股價拉回整理時再進場，不要急著去追高。

案例：晶碩（6491）

　　當一檔股票漲了一段，投信才剛進場布局，你在這個時候看到它，又該如何操作？

　　2020 年 6 月 4 日投信大買晶碩，才引起我的注意。不過，晶碩脫離平台已經漲了一段，它是由外資買起來的。通常，這類股票不會是我優先布局的標的。雖然，它後來還是漲了一段。

　　在這裡我要強調的是，如果想買從平台起漲的股票，就不要選它；若是不在意一檔股票已經漲了一段，同時，投信第一天進場大買的人，就可以買。不過，要知道你買進的時候算是追高，它適合膽子較大的人，而且進場後要每天確認籌碼變化，隨時準備獲利出場。

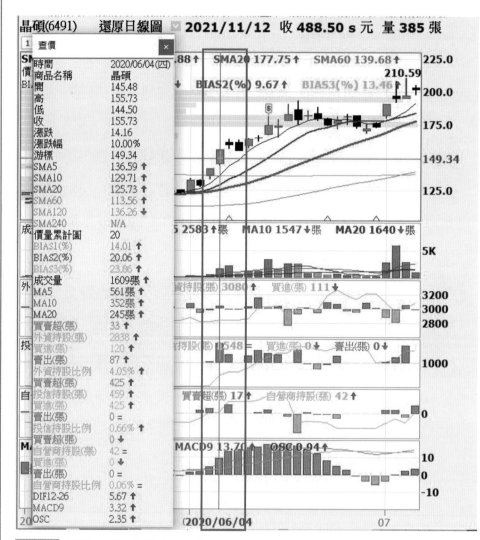

圖2-21 漲了一段的晶碩（6491）

　　有時候也會發生一種情況，從法人籌碼表中挑選不到最好的標的，但是，又很想要買股票，該如何操作？可以挑選外資、投信同買，股價上漲，中小型股要挑乖離率（現在的價格和 5 日線價格差距的比例）小於 10％的標的，大型股要小於 5％至 6％。

　　我在前面說，最好能買在平台起漲第一天的個股，勝率很高。不過，也有些股票，投信會忽然大買一天就熄火，這可能是因為投信新募集基金或是 ETF 選中。投信會一次買進持有部位，放著就不買。若是買到這種股票，若股價沒有跌就放著，跌破 10 日線再出場。

強勢股買賣 STEP BY STEP

　　想買強勢股的人，可以特別留意上櫃公司股票，找外資、投信剛買進（白色或黃色）的。因為上櫃公司股本小，當法人同時進場，很容易拉抬股價往上漲。

　　什麼是「強勢股」？一檔股票在上漲的過程中一直連續上漲，就叫作「強勢股」。在技術線型上，它在右上角、股價不斷創新高，且成交量逐漸放大。股票的價格是由資金堆出來的，所謂「量增價漲」，而且透過籌碼不斷換手，才能推升股價上漲。

　　要如何操作強勢股？針對可以盯盤者，以下說明如何觀察，以及何時買進。

❶ 在開盤後，可以觀察它上漲的幅度。

❷ 估計量大於 5 日均量的 1.5 倍以上（也就是「量增」），且剛從低位置（月線）起漲的個股，在開盤前 15 分鐘就可買進。

❸ 個股的估計量大於 5 日均量的 1.5 倍以上，但是，股價

已經上漲一段（量增價漲），可以等待中午時再觀察是否買進。

❹ 到了中午，觀察重點個股的成交量變化，是否量縮，量能最好能維持，以及股價是否還在均價之上。

案例：立積（4968）

2020 年 11 月 5 日，立積突破平台往上漲，外資、投信買超 2,704 張。因為是第一根，隔天可以買進。11 月 6 日強勢開盤，開盤價格在昨天的收盤價之上。此時，已不是第一根，可以在中午後再來觀察，如果還在均價線之上，就可以買進。在這個位置買，仍然是相對低點。

買進後一路抱著，波段持有者可以守月線，短線操作者可以守 10 日線，跌破再賣出。立積從 11 月 6 日開盤的 258 元，漲到 2021 年 4 月的 688 元，漲幅達 2.6 倍，也是去年的飆股。

立積(4968)　　還原日線圖 ☑ **2021/11/12** 收 **300.00 s** 元 量 **3335** 張

| 1 | 5 | 10 | 15 | 30 | 60 | 日 | 週 | 月 |

SMA5 171.73↑　　SMA10 169.32↑　　SMA20 171.34↑　　SMA60 167.30↓

價量累計圖 **20**

BIAS乖離率　　**BIAS1(%) 5.19↑　　BIAS2(%) 6.68↑　　BIAS3(%) 5.43** 182.76

- 187.5
- 180.0
- 172.5
- 165.0
- 157.5
- 150.0
- 142.5

144.93

成交量　成交量 9984↑ 張　**MA5 5449↑** 張　**MA10 4222↑** 張　**MA20 3906↑** 張

- 20K
- 10K

外資 🔲 **買賣超(張) 2016↑　外資持股(張) 13874↑　買進(張) 3121↑**

- 13K
- 12K
- 11K

投信 🔲 **買賣超(張) 325↓　投信持股(張) 5876↑　買進(張) 325↓　賣出(張) 0=**

- 5000
- 4000

自營商 全部 ▾ 🔲 **買賣超(張) 363↑　自營商持股(張) 1367↑**

- 0

MACD　DIF12-26 0.87↑　MACD9 0.47↑　OSC 0.39↑

- 5
- 0
- -5

2020/08/19　　　　　　　10　　　　　　　11

圖 2-22　買進強勢股——立積（4968）

　　2020 年 11 月 6 日是精材突破平台往上的第一天，在此之前投進法人已經連續買超三天，所以，進入強勢股名單。若想進場要何時買？因為已連漲三天，11 月 6 日可以先觀察它的走勢。當天若開盤後往上漲，且一直保持在均價之上，12 點後就可買進。

　　當天收盤前，股價是 142.5 元（正式突破前一波高點）。買進後抱著，守 20 日線，破了再賣出。直到 12 月 11 日，精材跌破 20 日線，收 188 元，在尾盤賣出，波段持股獲利達三成多。

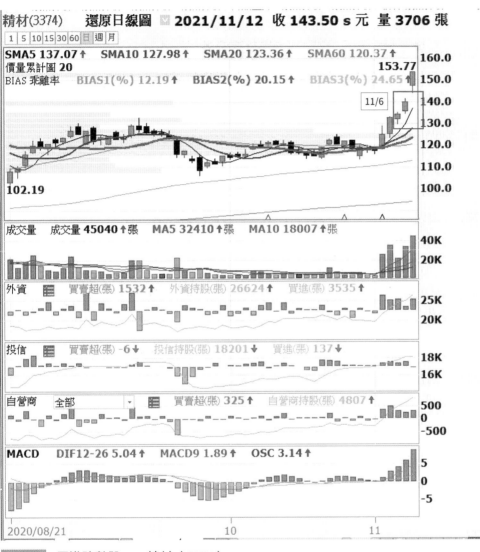

精材(3374) 還原日線圖 ☑ 2021/11/12 收 143.50 s 元 量 3706 張

1 5 10 15 30 60 日 週 月

SMA5 137.07↑   SMA10 127.98↑   SMA20 123.36↑   SMA60 120.37↑   160.0
價量累計圖 20   153.77   150.0
BIAS 乖離率   BIAS1(%) 12.19↑   BIAS2(%) 20.15↑   BIAS3(%) 24.65↑

11/6

102.19

成交量   成交量 45040↑張   MA5 32410↑張   MA10 18007↑張

外資   買賣超(張) 1532↑   外資持股(張) 26624↑   買進(張) 3535↑

投信   買賣超(張) -6↓   投信持股(張) 18201↓   買進(張) 137↑

自營商 全部   買賣超(張) 325↑   自營商持股(張) 4807↑

MACD   DIF12-26 5.04↑   MACD9 1.89↑   OSC 3.14↑

2020/08/21   10   11

圖 2-23 買進強勢股──精材（3374）

PART 2　練就投資基本功　163

無法盯盤的上班族要如何買強勢股

不少投資者是上班族，無法盯盤，是否能買強勢股？當然可以，有以下幾個方法：

1. 當有想買進的股票，只要當天股價在月線之上，且月線上揚，就可以先買進一部分，比如三分之一。

2. 因為無法盯盤，所以任何時段都可以買，比如中午休息時間。

3. 當股價正式跌破月線，就要出場，或至少出場一半的部位。何謂「正式跌破月線」？連續三個交易日，股價都在月線之下，或是當天收盤價在月線之下 2％至 3％，也就是月線乘上 0.98 至 0.97 的價位。

如何加碼？

當我看到一檔股票，法人買進、技術線型、籌碼都很好，想要買進的話，資金如何該分配？以及怎麼加碼？

我會將資金分三等分，方法如下：

❶ 開盤五分鐘後，找預估量大於 5 日均量的個股，買進三分之一，這是試單。如果買進後，股票下跌，可以在當天或隔天賣出，虧損不會太大。

❷ 因為找的是強勢股，買進的個股有可能鎖住漲停，在盤中漲停打開時，再買入三分之一；若股票沒有漲停，尾盤買三分之一。

❸ 看盤後若法人籌碼，持續買超，隔天收盤前觀察收盤價，如果收在前一根 K 棒的中值之上，再買入剩下的三分之一。

另外，也可以在突破平台的第一根加碼。通常，選中一檔股票，上漲後，會有第一平台、第二平台、第三平台，可以利用在平台盤整後「突破」的那根 K 棒加碼。

個股來到第一根平台，區間整理，在準備上攻的第一根是很好的加碼點；股票持續上漲，到了第二平台，在區間整理，即將要突破的第一根再加碼。

案例：家登（3680）

　　2019 年 9 月 18 日，家登突破區間平台、股價上漲。9 月 19 日開盤後買進三分之一試單；股價強勢，尾盤再買進三分之一；盤後看法人籌碼，法人持續買進，隔天收盤前再買進三分之一。

　　家登在上漲的過程中，有第一、第二、第三個平台，也可以利用平台即將突破的點加碼。買進以後抱著，等股價跌破 10 日線或 20 日線再賣出。

　　10 月 29 日家登來到出場位置，就可以獲利了結，等待下一次的區間盤整的突破，又是重新進場的時機。

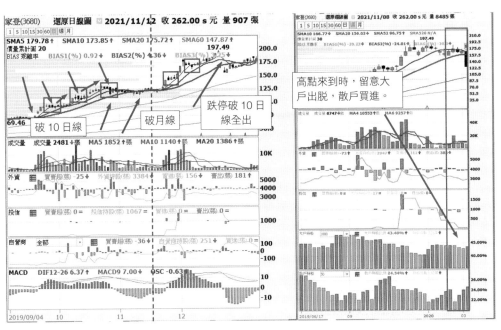

圖 2-24　如何加碼——家登（3680）

如何設定出場點

俗話說：「股票會買不厲害，會賣才是師傅！」買進一檔股票後，何時出場？可以分成兩種類型的股票。

❶ 股票平緩的、沿著 5 日線往上漲，可以用 10 日線作為出場點；若是沿著 10 日線往上走，可以用 20 日線出場。至於賣出時間，在收盤前，一點之後再來賣。

以南電（8046）為例，2020 年 7 月買進後，它一路沿著 10 日線，緩步上漲，可以用 20 日線作為出場點，沒有跌破就續抱。

南電(8046)　日線圖　■ 2021/11/26 開 585.00 高 597.00 低 572.00 收 585.00 s 元　量 9799 張 +6.00 (+1.04%)

1 5 10 15 30 60 還月

SMA5 131.70↑　SMA10 129.40↓　SMA20 129.83↓　SMA60 110.94↑　SMA120 87.12↑　SMA240 68.59↑
價量累計圖 20
BIAS 葉離率　BIAS1(%) 2.13↓　BIAS2(%) 3.94↓　BIAS3(%) 3.6↓

147.50

78.50

成交量 11779 張　MA5 23644↓張　MA10 24412↓張　MA20 27587↓張

外資　實實餘(張) 977↑　外資持股(張) 32822↓　買進(張) 2358↑　賣出(張) 1381↓　外資持股比例 5.07%↑

投信　實質餘(張) 189↓　投信持股(張) 4248↑　買進(張) 450↓　賣出(張) 261↓　投信持股比例 6.56%↑

自營商　自行買賣　　■　實質餘(張) 31↑　自營商持股(張) 6907↓　買進(張) 54↓　賣出(張) 85↓　自營商持股比例 1.07%↑

MACD　DIF12-26 3.61↑　MACD9 4.34↓　OSC -0.73↑

2020/07/08　　　　　　　　　　　　08　　　　　　　　　　　　09

圖 2-25 設定出場點——南電（8046）

何謂跌破 20 日線（月線）？當收盤價連續三天在 20 日線以下，就要出場，或是當天收盤價跌破 20 日線超過 3％就要出場。

❷ 股票忽然暴衝，收盤跌破 5 日線就要出場。什麼是「暴衝」，就是乖離率太大。股價當天的最高價格，超過 5 日線大約 10％至 12％。我會因為乖離率太大，先賣掉一半，剩下的一半，以 5 日線為出場標準。

在 8 月 10 日，股價忽然往上漲，以至於乖離率太大，那天我就會先賣掉一半的持股。

表 2-18　類型股與乖離率的出場點

1. 非當沖與隔日沖的操作
2. 距離 5 日線的乖離率大 ◎大型股：6%至 8%，最多 10% ◎中型股：8%至 12% ◎小型股：12%至 18%，最多 20%

表 2-19 大型、中型、小型股定義

大型股：台灣 50 成分股、上櫃的富櫃 50 成分股
中型股：中型 100 成分股、上櫃的富櫃 200 成分股、
小型股：其他不屬於以上的股票

弱勢股的放空方式

在台灣因為政府不鼓勵放空，所以作空的難度較高。再加上，從歷史經驗來看，股票在空頭的時間並不長，所以我不會強調作空。不過，股票有強勢，就會有弱勢。每天都會有弱勢股可以放空。以下說明如何作空弱勢股。

案例：六角（2732）

2020 年 6 月，六角的股價來到波段高點 159.28 元，開始下跌，均線糾結；MACD 綠棒持續增加；投信、外資續賣；周線轉空；散戶持股增加，所有指標都顯示它是空方。

何時放空？在跌破盤整的那一天放空，就能賺到下跌的波段。在平台的下緣放空，就算後來股價反彈，也很難漲破你放空的價格，就能安心續抱。這是在平台買進或放空的優勢。

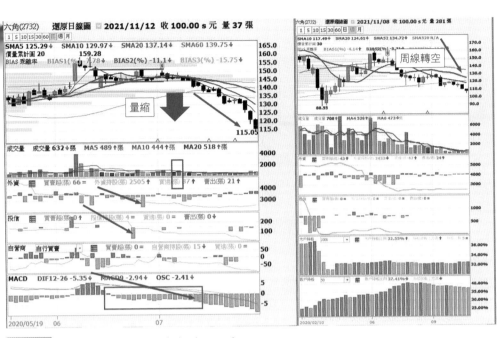

圖 2-26 突破平台下跌──六角（2732）

案例：是方（6561）

　　2020 年 6 月，是方出現區間盤整、量縮，技術指標周線轉空、外資法人續賣等利空。7 月 10 日出現在弱勢股名單，想作空的可以找這種技術、籌碼轉弱的個股。7 月 10 日跌破平台，就可以放空。

　　作空何時回補？當股價漲回 10 日線時回補，作波段的可以設定 20 日線。

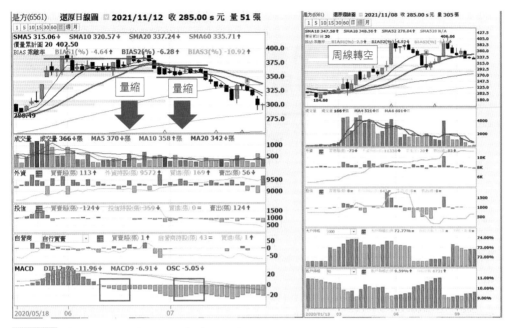

圖 2-27 突破平台下跌——是方（6561）

STEP3 資金流向表：
提早布局

「上市資金流向表」是我用來判斷除了三大法人以外的流入資金，包括：壽險、政府基金、主力、大股東、私人機構成立的投資部門等。它可以彌補法人籌碼表的不足。

我會將交易所公布的 29 類股列出，透過程式跑出這張圖，就能夠清楚看到每一族群的資金流進和流出。當資金流向同一個產業，相關股票會因為資金流入而上漲。在還沒有法人買進時，可以早一步發現、提早進場。

從 2021 年 8 月 30 日的圖可以看到紅色、綠色柱子。紅色代表資金大量流入或流出。資金流入，會推動股價上漲，流出則股價下跌。綠色是指資金在內部流動，沒有資金移入或移出。

當資金流進一檔股票，就會上漲，這是常聽到的「量先價行」。一檔股票要先有「量」，它是推升股票往上的動能。

我們在找尋標的時，都希望有族群性。當某個族群的股票一起往上漲，漲勢才會持久，如光電族群，除了友達、群創，整體也要跟著漲。在資金部分，不只法人（外資、投信）買，大戶也要跟著進場。當大家都在場內，買進這檔股票的勝率就非常高。同時，很適合做波段。

在決定是否買進一檔股票時，我會搭配這張圖作為判斷，因為這張圖在開盤後每分每秒都可以跑，在盤中就能掌握到類股的資金流向，也可以作為當沖的判斷依據。

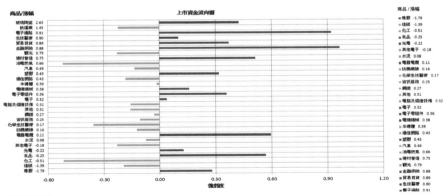

圖 2-29 上市資金流向表

STEP4 法人看法：
與法人同步的券商報告

在投資時，我們常會接觸到券商報告，從報告中可以了解該家券商對某公司未來前景的看法，找到投資機會。對投資人來說，看報告能夠了解某家公司的發展，甚至透過它，進而了解產業上中下游的關係。

券商分成兩種，一是外資券商，二是本土券商，兩者有何不同？說明如下：

外資券商的特色

在台灣的外資券商有十多家，包括摩根士丹利、高盛、瑞士信貸、摩根大通、野村、麥格理、大和國泰、花旗環球等。

因為總公司在國外，所以，在台灣不會有太多研究員，採精兵政策。撰寫報告有以下兩個特點：

❶ 以大型企業，也就是權值股為主，如台積電、聯電、鴻海等，和熱門族群，如陽明、長榮等。

❷ 寫目標價時看得比較遠，如現在到未來一年之內達成，而不是明天、後天、下一季的目標價。當看到某家外資券商的報告，要明瞭你有一年的時間去檢驗它是對或是錯。

❸ 主要是資金部位大的法人，如政府基金、退休基金等。當他們同時看好某一檔股票，又被客戶認可時，能夠運用的資金很大。當資金同時進場，買進某檔股票，容易推升股價上揚，這是外資報告會比較受到投資人及媒體關注的主因。當一致看好某一檔股票或產業，就會上漲；看壞就會下跌。

本土券商的特色

依照台灣法規規定，散戶、大戶等能夠看到的報告，要

由領有投顧牌的券商才能出報告，稱為「賣方報告」（Sell side）。

另外，投信和壽險公司也有研究員，拜訪公司後撰寫的報告是作為內部參考之用，讓基金經理人做為買賣參考的依據。因政府規定投信買賣股票要有依據，又稱為「買方報告」（Buy side），這類報告不會對外發布。

台灣有兩種本土券商：

1 大型券商。隸屬於金控集團，有銀行、券商、壽險等，資源較多，如元大、凱基、富邦、永豐、元富證券等。看的產業比較全面及完整，研究員人數較多。國泰比較特別，該集團將證券（投顧）牌放在期貨，所以會看到「國泰期貨」出的研究報告。

2 獨立券商。如統一、群益、宏遠、康和等，沒有金控、銀行等，資源較少，研究員採精兵政策。針對某個產業會有深入研究，如群益在中小型電子、統一在半導體領域著墨很深。而在 2020 至 2021 年的航運類股，則是由宏遠證券出報告後，慢慢起漲的。

本土券商撰寫報告的特點，有以下幾個：

❶ 以中小型為主。本土券商因研究員多，會將產業分得很
   細，如傳統產業，分為鋼鐵、自行車、造紙、航運等；
   電子產業涵蓋上下游，從半導體、封測、電子零組件到
   電腦周邊。再加上地緣關係，研究員可以經常拜訪公
   司，比較了解企業未來走向，能夠掌握最即時的消息。

❷ 目標價偏短期，通常以一季來看，最長不會超過半年。

❸ 顧客群是國內大戶、散戶，以及法人機構。

本土券商的報告以中小型股為主，所以，對市場影響程度
不像外資那麼大。但對一檔股票的股價還是很有影響力。

閱讀券商報告的方法

無論是外資券商或是本土券商報告，在撰寫報告時，都
有共通點：券商會將整份報告的重點精華寫在第一頁，內容包
括：投資評等、目標價，個股利空、利多等因素。當你拿到一
份報告，如果有時間的話，可以整份都看，但基本上只要看第

一頁的摘要就可以。

在看報告時，我會注意以下幾個重點：

❶ 報告發出的日期。一至二個月內的報告比較有參考價值。當然，報告越新越好。

❷ 目標價。研究員根據訪談，預估這家公司一年內各季的EPS，再根據它做年度獲利預估，寫出目標價。

❸ 投資評等。每家券商會有不同的評等標準，分為三級、四級或五級，如「強力買進」、「買進」、「中立」、「賣出」、「未評等」。在報告的最後一頁，會有詳細的評等說明，以統一投顧為例，分為四級：

1. 強力買進。首次評等潛在上漲空間大於 35％。

2. 買進：潛在上漲空間介於 15％至 35％。

3. 區間操作：潛在上漲空間介於 5％至 15％。

4. 中立：有三個意思，無法由基本面給予投資評等、預期近期股價將處於盤整、建議降低持股。

通常，當一家券商（外資及本土）評等一家公司給出「中立」意見，就意味著要賣出股票。所以，我們在看報告時，優

先挑選的評等是「強力買進」、再來是「買進」。

如何判斷券商報告的正確性

如何判斷外資券商或本土券商出的報告是否正確？除非是比較知名的研究員，否則要多看、多比較幾家券商出的報告，尤其他們對某家企業未來的看法是否一致。如果不一致，你又無法判斷誰說得正確，就先擺到一邊。

如果某家公司大多數券商對於它未來的表現看法都很一致，就可以特別關注。接著，再去比較券商出的報告內的目標價，若每家券商估出來的目標價都差不多，就可以放在觀察名單內。

最後，要挑選目標價和現在股價差距最大的，假設某檔股票，現在的股價是 100 元，報告的目標價為 150 元，意味它未來有五成上漲空間，就算打個八折也有 120 元，仍有獲利空間。此時買進，賺錢的機會比較大。

2021 年最有名的報告，是本土券商宏遠證券投顧對航運

類股的評價。宏遠證券不到一年發出幾份報告，不斷調升航運類股評價，從 30 元、50 元、100 元、200 元、300 元，到 400 元，是航運股股價上漲的幕後推手。

以宏遠在 2021 年 6 月 10 日針對長榮（2603）發出的報告為例，當時長榮的股價為 116 元，投資評等是「買進」，目標價為 220 元，上漲空間達 89％。宏遠認為長榮 5 月營收及獲利創新高，預期 6 月會再創高，加上第三季是傳統旺季會更旺等。股價上漲空間頗大，報告一出，帶動長榮往上漲。

外資券商如匯豐證券，2021 年 6 月 25 日針對長榮也發出一份研究報告，在第一頁清楚寫明目標價（TARGET PIRCE）為 200 元，發報告當天股價（SHARE PRICE）152 元，漲幅空間（UPSIDE）達 31.6％。

當外資券商和本土券商針對同一家公司出報告，並同時看好，就可以特別留意。在當時，航運族群氣勢正旺，加上大盤不錯，推升長榮股價上漲，最高漲到 233 元。

後來，航運類股一路往下跌，還是有券商提出報告，但說法紛歧，代表市場對航運股未來表現出現了雜訊，最好能避

開。另外，還要提醒一點，也許某家券商撰寫的報告曾經是對的，也是市場主流，但不代表以後也會是對的，還是要培養自己對投資的判斷能力。

尋找優良的券商報告

很多人認為，某家外資券商出報告說看好那一家企業，為何在某個分點賣出？或是報告中將某家企業降評，卻在某個分點買進？其實，出報告的機構，本身是沒有資金進場買股票的，他們是專門將報告賣給客戶的機構，至於客戶要不要採納，或是看了報告後買進或是賣出，他們無法干涉。

2010 年有個很知名的事件。那一年，摩根大通證券分析師在 10 月 19 日針對觸控面板廠勝華科技（2384）出了一份報告，指出該公司未來獲利不佳，給予「減碼」評等，並下調目標價。

報告出來後，外資連續賣超勝華，造成股價下跌。勝華對摩根大通提告，並要求中止與摩根大通合作的海外存託憑證

（GDR）業務。後來，勝華果真經營不善，以致於業績越來越差，甚至連續三年半虧損，爆發財務危機後下市。

　　從這件事可以明瞭，券商並不會為了維護和廠商或客戶的關係，寫出一份不正確的報告，他們還是會根據了解的實情撰寫。因為對他們來說，信譽很重要。

　　因此，看到某家外資券商的報告，可以逐季去檢證內容是否正確，如果事後都得到印證，代表這家券商或分析師很專業，也就會特別吸引投資者的目光，例如被稱為「地表最強蘋果分析師」的明星研究員——郭明錤。他走紅的原因就是每一次撰寫蘋果的研究報告內容都是對的。

　　他主要研究蘋果上下游概念股，當他在報告中指出哪家公司有做哪一項研發，出了哪些零組件給蘋果，後來，就如同他所寫，這家企業有拿到蘋果的某項業務、業績確實成長。而他寫蘋果即將推出某款 iPhone 新機中，會使用哪些零件、採用什麼規格，事後也證明是對的，他就會被投資者所信服。他撰寫的研究報告就能撼動蘋果概念股的漲跌。

　　也有些人會說，本土券商出的報告不具參考性，是來出貨

的。對於這點，我認為本土券商出的報告參考性很高，因為現在政府機構對投顧管制得很嚴格。

如果某家券商針對某家公司出了報告，表示很看好它的前景，並調升目標價。但報告出來以後，這家公司的股價卻一直下跌，金管會現在對這種事的管理很嚴格，會去查察。如果某位研究員寫的報告，常常有出貨嫌疑，他也會被金管會盯上。這件事對金融機構來說很麻煩，他們可能被罰錢，還會被要求寫很多報告去說明，甚至限制未來發展，如到海外設分公司、增資等都會受限。

此外，券商出的「賣方報告」（Sell side）通常都會被投信、壽險研究員拿來作為「買方報告」（Buy side）的參考。所以，「賣方報告」不會隨便寫，因為對研究員來說，牽涉到他未來職涯發展。

說到這裡，就要提及研究員的養成之路。一位剛畢業的社會新鮮人，進入投資界，通常第一份工作是在券商擔任研究員。當他們在這個產業有歷練後，才有機會跳槽到投信或是壽險公司擔任研究員。因後者對研究員的進入門檻要求比較高，

要有經驗。

　　當某位券商研究員撰寫的報告，受到投信或壽險公司研究員或主管讚賞時，若有一天該公司有研究員職缺，這位研究員就有機會被挖角，跳槽到投信或壽險公司。一方面薪水較高，二方面因投信及壽險公司手中持有的資金部位較大，研究員在拜訪公司時，總經理、發言人或財務長，比較願意透露更多產業及財務訊息。如果他在這份工作做得不錯，未來還有機會晉升為基金經理人或是主管。

　　若券商的某位研究員總是配合某家公司的想法寫報告，或無法做出正確的判斷，業界都會知道，他在這個行業的前景就會受限。

　　最後，券商研究員拜訪一家公司，會被要求要寫報告，所以，他們不會隨便拜訪公司。他寫好報告，會先給主管看過，主管看完、修改後，才會發出正式的研究報告給重要客戶，包括大戶、法人機構等。如果他們認同這份報告的內容，就會買進。

　　通常散戶看到報告，都不會是第一手，有些甚至都已經漲

了一段，或是股價和目標價很接近了，這時候最好的作法就是忽略這份報告。

　　此外，券商出報告的時候，通常不會去看技術面，而是從基本面出發，看的是這家公司下一季、下下一季會賺多少錢，不會去看現在股市是多頭還是空頭。當然，如果發報告的時候正好是多頭市場，股價達成目標價的機率就很高，若是空頭，就不見得。

PART 3
致勝的基本操作方法

進入市場之前，你要知道的事

進入投資市場，不但要保持產業的敏銳度，還要了解哪些股票會漲，我將二十多年來的投資心法整理如下。

❶ 漲價題材。某家公司的產品漲價，這種股票容易成為飆股，如跟著晶圓代工漲價的 IC 設計和 IP 股。另一個是產業毛利率持續往上的股票，像台積電在 2021 年股票大漲，就是因為毛利率上升。

❷ 賺錢的公司不一定會漲，成長的公司才會漲。一家公司，如果每年固定賺 5 元，股價不見得會漲，因為獲利已經反應在股價上。但如果今年賺 10 元，明年賺 20 元，獲利一直在成長，就能吸引資金進入，推升股價，如 2020 年至 2021 年 7 月的航運股。

❸ 聰明資金都是跟著政府政策走。我指的政府不是台灣，而是全球，以美國、中國為主。現在最流行的政策就是電動車、再生能源、節能減碳（碳中和概念），這些都是未來的主流產業。

❹ 看知名企業、大老闆在做什麼。鴻海創辦人郭台銘成立 MIH（電動車平台）聯盟，想打入電動車市場，他還想投入生技醫療產業，代表這兩者是未來的趨勢潮流。他的企業布局全球，創業以來，經歷幾十年的產業循環，一直能嗅出產業方向，所以跟著他找尋投資標的就對了。

在這裡我要強調，這必須是知名企業剛切入又做得很大的投資，不是已經做很久的事，如鴻海買下旺宏的製造晶圓廠，想投入第三代半導體。跟著知名企業，容易找到有前景的好股票。

❺ 在多頭股市裡，追強勢股會比去低接弱勢股，容易賺到錢。千萬不要去買股價感覺很低的公司，例如某檔股票跌了一陣子，有些投資人就會覺得現在的股價很低而進場。人性喜歡買便宜的東西，但在股市裡不適用。反而要去追強勢股，如前

一陣子股價 100 元，現在 120 元的公司，比較容易賺到錢。

另外，當強勢股下跌時，是可進場的好時機；弱勢股漲了就要賣出。一檔股票會成為強勢股，代表有籌碼進場，籌碼指的是法人，他們很看好這家公司，且一直買進，當股價下跌，就是買進機會，如 2021 年 9 月至 10 月的漢磊（3707）、景碩（3189）、智原（3035）。如何判斷是不是強勢股，可以和大盤的位階相比，個股下跌時比大盤強，回檔就要買它。

❻ 當買進理由沒有消失之前，別一跌就緊張兮兮。一檔股票，如果你當初買進它是因為外資買、投信買，或是基本面好，買了以後不要一下跌就想賣，在你的出場點還沒跌破前，不要賣出。

❼ 非基本面的利空要勇於進場。基本面很好的產業，受到非基本面的利空，要勇敢進場，如台積電（2330）、聯電（2303）、世界先進（5347）等未來產業基本面很好的企業，利空就是進場點。

❽ 少碰還沒獲利的個股，如疫苗股、生技股，因為公司沒有真的賺錢，當熱潮一過，股價就容易下跌。這類股票比較

容易做夢，炒的是「本夢比」，踩到地雷的機會很大，像 2014 年，基亞（3176）曾因新藥第三期臨床試驗未過關，連跌 19 根跌停板，2015 年的浩鼎（4174）也是一個例子。

2015 年我曾經在浩鼎跌過一跤。當時，浩鼎研發乳癌藥物，前景不錯，股價從 9 月的 200 至 300 元，漲到 12 月 21 日，最高來到 755 元。那時市場盛傳它會漲到 1,000 元，我在 500 至 600 元時買進，漲到 700 元時沒賣，直到下跌二至三成才賣掉。我投資了千萬元，損失達二成多。自此之後，不再買沒有獲利的生技股。

在 2021 年最知名的，是曾經的台股股后「康友 -KY」下市一事。該公司股價曾在 300 至 400 元，今年爆出經營團隊掏空公司資產且財報不實後，股價一路下跌，直到 4 月 1 日，因無法簽出財報而下市。其後，投資人雖然籌組自救會，卻很難追回當初投資的資金。

投資人買進股票，是用自己多年積攢下來的辛苦錢。以康友 -KY 來說，不少投資人血淚泣訴，將上百萬元退休金投入，卻沒想到全部歸零。因此，投資要很謹慎，最好選擇有產業前

景、經營團隊優秀，且有獲利的公司。

❾ 新股比老股會漲。新產業、剛上市的股票比較會漲，以富邦媒（8454）和寶雅（5904）為例。寶雅在 2002 年剛上櫃時是新股，因營運模式和傳統賣場不同，所以漲得很凶，股價最高漲到 660 元。2020 年異軍突起的是富邦媒，2014 年上市股價才 300 元，2020 年受惠疫情，全民瘋網路購物，在 2021 年股價突破 2,000 元，成為市場的新寵。同樣是零售業，富邦媒就會比寶雅漲得多。所以，挑公司時，要買會漲的新產業或是新上市的股票。

❿ 新趨勢最會飆漲。每年市場都會出現新的趨勢產業，如 2020 至 2021 年的航運股、WFH（Work from home，在家工作）的電腦、面板等族群，以及車用電子、第三代半導體等。有新的趨勢，股票最容易漲，因為資金會往新的趨勢走。

⓫ 資金是最聰明的，要跟著市場資金走。從法人買盤就可以看出未來的趨勢，法人是大機構，裡面有很多研究人員會去研究最新的產業趨勢，以及哪一家公司是未來主流。掌握這些訊息後就會投入資金，我們跟著法人買進就可以搭轎。

另外，從資金流向表也可以看到資金流進哪一個產業，如航運、鋼鐵、面板很紅的時候，在那段時間，資金都流進這些族群，帶動股價往上飆升。在 2021 年 9 月，市場的主流是第三代半導體會用到的特用化學股，如中華化（1727）、永光（1711）等。跟著主流族群投資，可以事半功倍。

　　⓬ 選股是一種取捨，有一線股可挑不必看二線股，有二線股可挑不必看三線股。在同一個族群裡，要挑最強的股票，以金控股為例，買國泰金、富邦金、兆豐金、玉山金，不要買二線銀行股。也就是說，當一個產業在動時，要買龍頭股，二線股雖然也會漲，但漲得不持久，上去得快，下來也快。

02 股票的基本操作知識

挑出法人認養股後，我會再用基本面選出有機會漲的股票。在買進、賣出時，我會用技術指標來判斷，增加贏的機會。我最常用的是 K 棒、均線，延伸出來的是扣抵值，再加上 KD、MACD，這幾個指標就很好用，像是看懂均線，就懂得趨勢，均線往上就是趨勢往上，均線往下就是趨勢往下。

接下來，還要看懂籌碼，想作多就去找法人買進的股票。因台股跟著國際股市走，操作台股的人必須了解國際股市，當國際股市好，台股就容易好；國際股市不好，台股就不容易好。這兩點在前面已經有詳細說明，這裡就不贅述了。

畫線則是透過兩條線：上升趨勢線、下降趨勢線，找到未來趨勢。可以用它判斷大盤或是個股在區間盤整的時候，何時

會往上走或往下跌。股市說穿了就是「上漲、下跌、休息（盤整）」如此反覆的過程。畫線能提早了解趨勢，做出應對，和黃金切割率，都是進階的技術應用。

綜觀以上，我認為在市場之前，你必須知道以下幾件事：

1. 看懂 K 棒
2. 看懂均線，延伸：扣抵值
3. 看懂技術指標（KD、MACD）
4. 看懂趨勢
5. 看懂籌碼
6. 看懂國際股市對台股的影響
7. 畫線，找趨勢
8. 漲幅滿足點，黃金切割率
9. 如何找低點、找高點。

03　看懂 K 棒

　　一檔個股每天的交易、所有價格會反應為一根「K 棒」。單一 K 棒的形成有四個要素：

　　❶ 開盤價。一檔股票每天的開盤位置很重要。每天的盤都是由「控盤者」開的，控盤者可能是外資、法人或是主力。

　　❷ 收盤價。股票每天的收盤位置。收盤突破前一日的最高點，代表買方力量轉強；收盤跌破前一日最低點，是賣方力量轉強。

　　❸ 最高點。今天多方力量能夠攻到的最高價位。K 棒的最高點也會是未來的「壓力線」。

　　❹ 最低點。今天空方力量能夠攻到的最低價位，也是未來的「支撐線」。

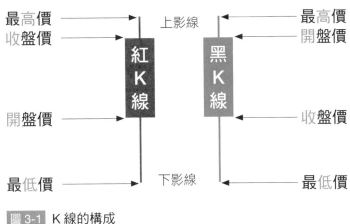

一根 K 線由四個價位組成

最高價 —————→ 上影線 ←————— 最高價
收盤價 —————→ 　　　 ←————— 開盤價

紅K線　　**黑K線**

開盤價 —————→ 　　　 ←————— 收盤價

最低價 —————→ 下影線 ←————— 最低價

圖 3-1　K 線的構成

　　紅 K 棒代表開盤後，由低點開始往上漲；黑 K 棒是開高走低，當天買進這檔股票的人都套牢了。當你買到的股票出現連續紅 K，代表是賺錢的；買到黑 K，代表都是賠錢的。

　　在投資裡，K 棒是最基礎的符號，或是價格的表現。一連串 K 棒的組成，會變成線，線會變成一連串的漲跌型態。

04 看懂移動平均線

　　每一根 K 棒連在一起，會產生「移動平均線」（Moving Average，簡稱均線、MA），這是由葛蘭碧（J.Granville）於 1960 年所提出。是指過去一段時間的平均成交價格，將每一根 K 棒連成一條曲線，能夠幫助投資者判斷目前的趨勢，並提供未來的方向。

　　在台股常用的均線有六條：5 日均線（又稱周線、5 MA）、10 日均線（雙周線、10 MA）、20 日均線（月線、20MA）、60 日均線（季線、60MA）、120 日均線（半年線、120MA）、240 日均線（年線、240MA）。

　　5 日線指的是最近五天收盤價的平均成本，因為台股每周交易五天，所以又稱為「周線」。

表 3-1　智原（3035）10 月 14 日到 10 月 20 日的股價

日期	10 月 14 日	10 月 15 日	10 月 18 日	10 月 19 日	10 月 20 日
智原（3035）股價	130	143	141	147.5	153.5

以智原（3035）為例，將 10 月 14 日到 10 月 20 日這 5 天的收盤價加總，再除以 5，得出 5 日均線是 143。算式為：

（130+143+141+147.5+153.5）÷5 ＝ 143

10 日線是過去十天收盤價的平均成本，因台股每周交易 5 天，又稱為「雙周線」。60 日線為 3 個月內，投資人的平均成本，是「季線」，又被稱為「生命線」。在大盤中最重要的均線是季線，季線向上看多、向下看空。

用均線可以判斷過去幾天投資人是賺錢還是賠錢。以 5 日均線來說，若均線往上，代表這五天中買這檔股票的人，都是賺錢的。從技術分析來講，前面沒有人套牢，不會有套牢賣壓出現。

當一檔股票的均線往上，代表股價一直往上走，今天的價格比昨天高，昨天比前天高。也就是投資人願意用越來越高

的成本持續買進，是多頭市場的特徵。均線往上的股票偏向多方，投資者在任何一天買進都是賺錢的，既然賺錢，就跟著趨勢走，買進後抱著。

均線往下，代表股價一直往下走，過去幾天買這檔股票的人都是賠錢的。也就是投資人只有在越來越低的成本下，才願意進場買股票，是空頭市場的特徵。當股價一往上，就會想賣掉，會有解套賣壓。此時，均線在股價之上，形成「壓力」，均線越多條壓力越大。

多條均線怎麼看？

講到均線，我們常聽到「均線多頭排列」，以及「均線空頭排列」，要怎麼看？

❶「均線多頭排列」指的是短期均線在長期均線的上方，也就是 5 日線 > 10 線 > 20 日線 > 60 日線。當均線轉成多頭的時候，作多個股比較容易賺到錢，也會有個波段行情。

相對短天期均線，如 5 日線

相對中天期均線，如 10 日線

相對長天期均線，如 20 日線

當短天期在中天期之上，而中天期
再在長天期之上，即為多頭排列

圖 3-2　均線多頭排列

　　圖 3-3，2020 年 11 月 11 日加權指數出現了均線多頭排列。

　　5 日線是 13,072.74 點＞ 10 日線的 12,876.82 點＞ 20 日線的 12,869.40 點＞ 60 日線的 12,756.61 點。同時，所有均線都是上揚的。台股從那時候開啟一段長達半年以上的多頭行情。

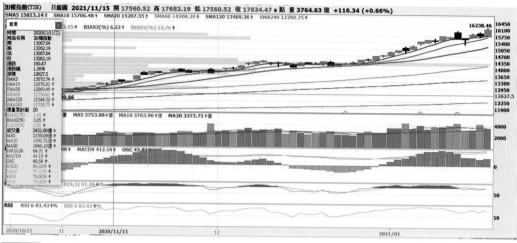

圖 3-3 均線多頭排列範例

❷「均線空頭排列」，短均在長均的下方，也就是 5 日線
< 10 線 < 20 日線 < 60 日線。當均線轉成空頭的時候，做空
個股比較容易賺到錢。

2021 年 9 月 28 日，大盤已經來到空頭。5 日線為
17,151.89 點 < 10 日線是 17,255.01 點 < 20 日線為 17,336.06 點
< 60 日線為 17,362.42 點，而且所有均線都下彎。

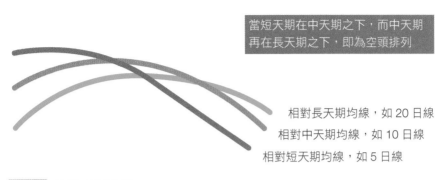

當短天期在中天期之下，而中天期
再在長天期之下，即為空頭排列

相對長天期均線，如 20 日線

相對中天期均線，如 10 日線

相對短天期均線，如 5 日線

圖 3-4 均線空頭排列

圖 3-5 均線空頭排列範例

扣抵值

///////////////

均線會延伸出「扣抵值」。所謂「扣抵值」，就是用它來確認均線的未來走向，是多還是空。均線是平均成本線，所以均線的未來方向很重要。

當你買進一檔股票，不知道它未來走勢，從均線扣抵的位置，就可以看到均線之後會往上，還是往下。現在的看盤軟體都會標註扣抵日，在均線下面有一個小小的倒 V，有 5 日、10日、20 日、60 日、120 日、240 日的扣抵日。

看一檔股票均線是否向上，要去找到兩個位置：

❶ 現在要買的位置；

❷ 扣抵日的收盤價。

如果現在的位置比扣低日高，5 日線會往上，表示看多；反之則為看空。

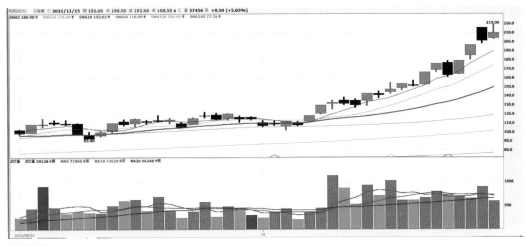

圖 3-6　智原（3035）的扣抵值

　　以智原來說，要判斷 10 月 21 日的均線是否向上，就要看
10 月 21 日的收盤價（現在要買的位置），以及 10 月 14 日的
收盤價 130（扣抵日的收盤價），只要 10 月 21 日的收盤價大
於 130，均線就會往上。以目前股價一天漲跌幅只有 10％來計
算，智原的均線一定向上，仍是多方。

表 3-2 智原（3035）由扣抵預測趨勢

日期	10/14	10/15	10/18	10/19	10/20	10/21
智原（3035）股價	130	143	141	147.5	153.5	股價大於 130

在買進一檔股票時，我習慣用 20 日線。當股價站上 20 日線，且經過一段時間整理（也就是區間盤整）、成交量是縮的、法人籌碼買進，就可以列入觀察。選到標的後，再去看均線扣抵值，才能知道接下來均線會往上還是往下；作多要買均線往上的股票，作空要買均線往下的股票。

看懂技術指標：KD、MACD

我經常使用 KD 值與 MACD 作為進出場的判斷。其實，在看技術指標時，不需要想得太困難，或學習太複雜的公式，只要了解它的原理，明瞭如何運用即可。以下說明何謂 KD 值與 MACD，以及我怎麼運用。

認識 KD 值

KD 指標又稱「隨機指標」（Stochastic Oscillator），由 K 值跟 D 值所組成的兩條線圖。這是蘭恩（George C. Lane）於 1957 年所研發。它是以 RSV 的加權移動平均計算而出。RSV 是「與最近九天相比，今天的股價是強還是弱？」。

KD 值的偏向短線操作。在 KD 值的使用上，如果買進的股票 K 值在 D 值的上方，就是多方；如果 K 值在 D 值下面，就是空方。

❶ K 值在 D 值的上方。

這是多頭；當 K 線向上穿過 D 線，又稱為「黃金交叉」，是短期買進訊號。我會再搭配月線，剛好突破月線的位置，就是最好的買點。

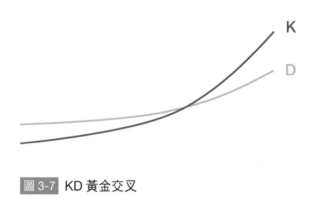

圖 3-7 KD 黃金交叉

以加權指數說明。2021 年 5 月 10 日，大盤受本土疫情爆發影響，快速重挫。觀察它何時止跌回穩，可以看 KD 值，它

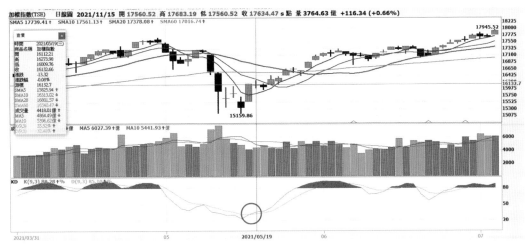

圖 3-8 2021 年 5 月加權指數

的反應比較快,也可以說是股市的領先指標。

5 月 19 日,K 值是 35,D 值是 32,K 值大於 D 值,且 K 線向上穿過 D 線,當天的技術線型正好符合低點買進。看到這個訊號,可以進場作多。

不過,這不是多頭,還要再搭配均線來看。大盤還沒站上 20 日線,仍是空方,只能搶短。直到 5 月 28 日大盤同時站上月線、季線,才開啟下一波的多頭。

❷ K 值往下、跌破 D 值，是「死亡交叉」。

此時，為空方。如果 KD 值在 80 以上的時候、交叉往下，跌幅就會比較重；KD 值若在 50，跌幅不會那麼太深。

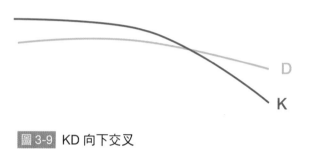

圖 3-9　KD 向下交叉

以圖 3-10，2021 年 8 月的大盤指數為例，那一波 K 值最高為 80，所以下跌幅度會很深。8 月 11 日大盤跌破季線 17,227.18 點後，一路下跌，最低跌到 8 月 20 日，收在 16,341 點，跌了 886 點，跌幅達 5％

後來，台股有一波的反彈，9 月 28 日再度下跌，這一次 KD 值在 50 左右，跌幅就沒有這麼深。

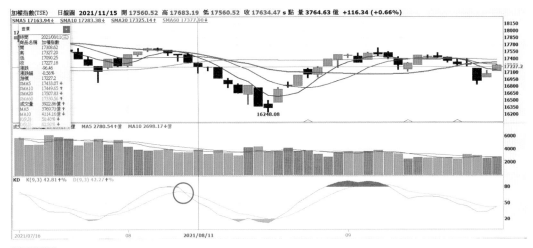

加權指數(TSE)　日線圖　2021/11/15　開 17560.52　高 17683.19　低 17560.52　收 17634.47 s 點 量 3764.63 億　+116.34 (+0.66%)

16248.08

2021/07/16　　　　08　　　　2021/08/11　　　　　　　　09

圖 3-10 大盤指數 KD 向下交叉

什麼是「鈍化」？

　　KD 值的數據介於 0 至 100 之間，高於 80 或是低於 20 都要留意，這就是「鈍化」。什麼是「鈍化」？是指 KD 值「一直」處在高檔區（大於 80），或是低檔區（小於 20）。前者稱為「高檔鈍化」，後者稱為「低檔鈍化」。

> KD 值 > 80 高檔鈍化，股價表現強勢，再漲機率高
> KD 值 < 20 低檔鈍化，股價表現弱勢，再下跌機率高

❶ KD 值＞ 80，高檔鈍化

再來看 2021 年 5 月 19 日的大盤，一路往上後，在 5 月 27
日 KD 值超過 80（圖形上出現「紅色區塊」），這是「高檔鈍
化」。來到高檔鈍化，通常漲勢會加速，是強勢多頭指標，它
可以延續很久。直到 KD 值回到 80 以下，漲勢才開始緩慢，
大盤就會休息一下（來到盤整區）。

圖 3-11 大盤指數 KD 高檔鈍化

❷ KD 值 < 20，低檔鈍化

另外，觀察 2020 年 3 月 12 日全球受新冠疫情影響，股市崩盤，那一天 K 值來到 20 以下，這叫作「低檔鈍化」。隔天，K 值持續往下走，圖形上也出現綠色區塊。當 KD 值低於 20，跌勢會加快，直到它慢慢爬上來，大於 20，才有機會往上漲。

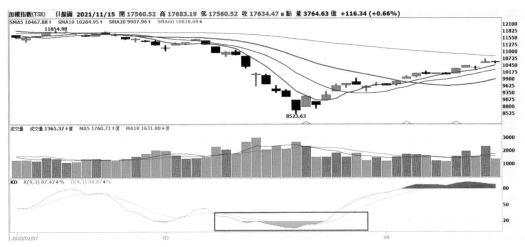

图 3-12　大盤指數 KD 低檔鈍化

當 KD 值低於 20 時，不適合進場，因為不知道要等多久才會高於 20。必須耐心等待黃金交叉向上（K 值大於 D 值），才是買進訊號。

不過，如果能夠找到 KD 值黃金交叉，且在 20 左右的股票，代表股價在相對低點，此時進場是很安全的位置。

認識 MACD

MACD 是「指數平滑異同移動平均線」（Moving Average Convergence / Divergence）。它是利用快速與慢速兩條指數平滑移動線，算出兩者的「差離值」（DIF）。

MADC 偏向中長線操作，可以用來確定「波段漲幅」並「找到買賣點」，分為綠棒、紅棒。MADC 反應比較慢，然而一旦趨勢成形，就會是中長線波段。

有以下三種情形，是多頭訊號：

1. **當 MACD 由綠棒剛轉為紅棒時，是最佳多頭訊號。**
2. **當 MACD 綠棒縮減，是偏多訊號。**

3. 當 MACD 紅棒持續增加，也是偏多訊號。

有以下三種情形，則為空頭訊號：

1. 當 MACD 由紅棒轉為綠棒，是空頭訊號。

2. 當 MACD 紅棒縮減，是偏空訊號。

3. 當 MACD 綠棒增加，是偏空訊號。

MACD 有一個 DIF 值，當紅棒轉綠棒、DIF 值在零軸之上，代表在盤整；MACD 綠棒增加，DIF 在零軸之下，代表即將要下跌；MACD 紅棒增加，DIF 在零軸之上，代表即將要上漲。

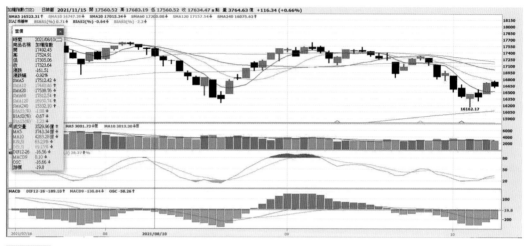

8 月 10 日大盤指數的 MACD 訊號

　　以 2021 年 8 月 10 日的加權指數來看，MACD 綠棒擴大、
DIF 接近零軸之下，已經開始走空。其後連續幾天，指數持續
往下，綠棒不斷擴大、DIF 在零軸之下，KD 值也從高檔鈍化
持續往下，從技術面來看，代表大盤已經是空方趨勢。

　　再來觀察 8 月 11 日的大盤，已經連續三天都在季線之
下，可以確認是空方。此時，只要有反彈、就賣股票，除非你
的資金不急著用。另外，最好將資金控制在三成左右，並且不
要再增加部位，買賣股票也要短線操作。

06 看懂趨勢

進入股市要學會看趨勢,當股市偏向多方的時候,作多容易獲勝;指數在空方,就作空或者是乾脆休息、不要進出。這就是我們常聽到的「順勢而為」,不要「逆勢而動」,若在上升趨勢中作空,在下降趨勢中作多,會為投資帶來很大損失。

趨勢可以分為兩種,一種是短期趨勢,可以從日線來看;一種是長期趨勢,可以從周線、季線來看。以大盤來說,判斷多空要看「季線」。當大盤走到季線以下,就是空頭,作多的人要休息;當大盤走到季線之上,就是多頭。

另外,還要看季線角度,指數在季線之上,再配合均線上揚(在看盤軟體中可以看到 SMA60),就是多頭。

圖 3-14 中,2019 年 9 月 5 日,大盤突破季線之後,加權

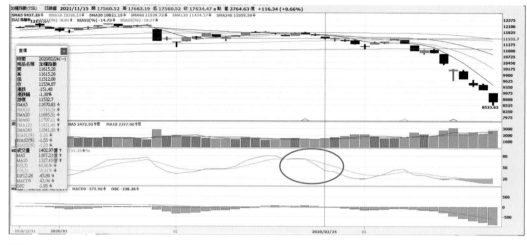

圖 3-14 大盤季線下彎

指數一路往上,最高來到 2020 年 1 月 3 日的 12,197.64 點。
在這段時間,可以盡量作多個股。直到 1 月 30 日大盤跌破季
線,股市已經來到空頭。指數在 11,354 到 11,800 之間區間盤
整,直到 2 月 21 日跌破季線,再觀察後面三天,都站不回季
線,而在 2 月 24 日季線下彎,可以說大盤空頭確認。此時,
作多的人就盡量不要進場。

後來,加權指數一路往下跌到 8,523 點,3 月 19 日國安基
金進場,才開始往上漲。直到 4 月 29 日再度站上季線,大盤
才開始翻多,但是,季線的箭頭是向下。判斷大盤何時轉多?

要等月線（20 日線）穿過季線。5 月 11 日，月線為 10,586 點，大於季線的 10,537 點，正式翻多。

如果你想要賺反彈行情，當大盤過了月線以後，也就是在 4 月 7 日，可以去搶短。反彈的風險是可能大盤再度下跌，進場的速度要快。有句俗話說：「搶反彈就像是搶銀行，不管有沒有搶到都要跑。」

以個股來說，多空的判斷以月線（20 日線）為主，當股價跌破月線就要出清，尤其是強勢股。如航運股，一旦跌破月線就結束了多頭行情，陽明（2609）在 7 月 13 日跌破月線，之後三天都在月線之下，而且再也沒有漲回月線。

趨勢一旦成形，就會是一段時間。從趨勢可以了解，操作多方股票只有三件事：買進、賣出、休息。如果不賣出、不休息，就很容易將賺來的錢再吐回去。

07 畫線：判讀趨勢

　　畫線是非常好用的技術分析，能幫助我們找到買點和賣點，也就是判讀趨勢走向，又可分為上升趨勢線和下降趨勢線。當跌破或突破這條線，意味著行情可能反轉。如何畫線？說明如下：

上升趨勢線

　　❶ 低點和低點的連線。找到一段時間的低點，將低點與低點連線。

　　❷ 最好找平台整理一段時間，連接 5 日線、10 日線或 20 日線的低點。

❸ 可以畫很多條線，用來判斷長期、中期、短期走勢。

畫線，通常我會用在大盤上漲和下跌的時候，判斷它何時會結束漲勢、跌勢。畫線時，最好能找到突破平台整理後，若想看短線趨勢，找站上 5 日線，並沿著 5 日線往上走的那一段；將低點和低點連接成一條線，就能畫出「上升趨勢線」。

圖 3-15，以 2019 年 4 月的加權指數為例，在 4 月 8 日到 4 月 15 日有一小段的區間盤整，此後就沿著 5 日線往上走，因為大盤已經漲很多，在這個位置交易風險比較大，我想要判斷

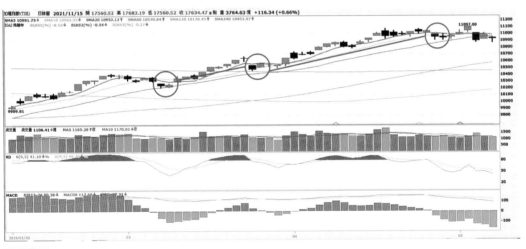

圖 3-15 上升趨勢線

何時結束漲勢，此時可以畫一條上升趨勢線，怎麼畫？

用突破平台整理的那個點位（4月16日），沿著5日線往上，將低點和低點連接，就能畫出一條線。可以看到4月26日加權指數跌破上升趨勢線。但，如果只跌一天，不算是反轉，要連續下跌很多天，才表示漲勢結束。

接連幾天，大盤持續下跌，在5月3日突破上升趨勢線後，5月7日又開始跌破，代表這一次的上漲行情結束了。

下降趨勢線

❶ 高點與高點的連線。

❷ 可以畫很多條線，用來判斷長期、中期、短期走勢。

當一段行情在下跌的時候，可以透過畫線，提早掌握它何時結束下跌。

圖3-16，以2021年7、8月的大盤為例。當大盤於7月14日來到歷史最高點18,034點後，開始往下走。跌到8月後，想知道大盤何時止跌回穩，可以拿出加權指數的圖，找到幾個高

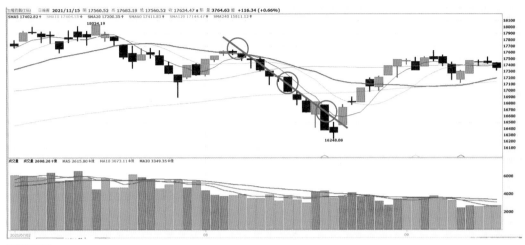

下降趨勢線

點，將它連成一條線。以大盤來說，7 月 14 日是一個高點，接下來的高點在 8 月 5 日的 17,603，將這兩個高點連成一條線。從畫出來的線可以看見，8 月 27 日會突破，表示下跌的走勢很有機會結束。

畫線用在加權指數以及權值股比較準，因為無法以一個人或一群人來控制它的方向。其實，任何技術分析都是如此。

08 漲幅滿足點：黃金切割率

在自然界中有一個神奇的自然比率，被義大利數學家費波那契（Leonardo Pisano Bigollo）在 13 世紀時發現。後來，被用來判斷個股及指數的高低點，稱為「黃金切割率」。

黃金切割率的公式是將一分割成幾個比例，我最常用的是 0.382、0.5、0.618，以及一比一。

當股價在上漲的過程中，漲幅會在接近或達到 0.382、0.5，以及 0.618 時發生變化。也就是說，當上升接近或超越 38.2％、50％、61.8％時，就會出現反壓，讓個股或指數下跌，結束上升行情。反之，在下跌時也是如此。

至於在股市上漲或下跌的過程，滿足點是 0.382、0.5、0.618，或是 1？沒有人知道，只能一關一關的看，一關一關

的過。而當股價或指數來到這個點位時，就要特別注意，停、
看、聽。

> 黃金切割率的計算公式是：
> （最近一個波段的最高價－最近一個波段的最低價）× 修正幅度。

　　2021 年 5 月台灣爆發本土疫情後，指數最低跌到 5 月 17 日的 15,159.86，後來一路漲到 7 月 15 日的 18,034.19 點，漲了 2874.33 點。後來，指數從最高點往下跌，可以計算出它的跌幅，第一個滿足點為 0.382，第二是 0.5，第三是 0.618。依照黃金切割率，計算出跌幅點數如下：

18034.19-15159.86=2874.33

再用它來計算黃金切割率的點數，如下表：

黃金切割率	點數	大盤點位
0.382	1097.99	16,936.20
0.5	1437.17	16,597.03
0.618	1776.34	16,257.85

　　大盤反彈的第一個滿足點是 0.382，由此計算出，當大盤跌到 16,936 點，就會止跌，在這裡休息一下，同時會有個小反彈。

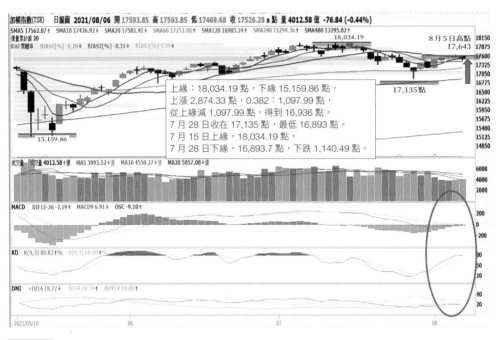

上緣：18,034.19 點，下緣 15,159.86 點，
上漲 2,874.33 點，0.382：1,097.99 點，
從上緣減 1,097.99 點，得到 16,936 點。
7 月 28 日收在 17,135 點，最低 16,893 點。
7 月 15 日上緣，18,034.19 點。
7 月 28 日下緣，16,893.7 點，下跌 1,140.49 點。

圖 3-17 黃金切割率試算高低點

　　在 7 月 28 日，指數最低點跌到 16,893 時，就收了上來，那天收在 17,135 點，出現一條下引線。16,936 點在 K 棒之中，因此，我們可以判斷，第一關跌幅滿足點已經達到，指數就要開始反彈。

　　在反彈時，也可以計算黃金切割率。我們以 7 月 15 日指數高點 18,034.19 點，和 7 月 28 日低點 16,893.17 點相減，

可以得出這一波下跌了 1,140.49 點。再用 1,140.49 分別乘以 0.382、0.5、0.618，得到下表的數字。

黃金切割率	點數	大盤點位
0.382	435.67	17,329.37
0.5	570.24	17,463.95
0.618	704.82	17,598.52

這一次加權指數一路上漲，漲到 17,636 點，反彈到了 0.618，可以說是「強勢反彈」，然後就停住了。接下來，又開始往下跌。一般而言，反彈都會彈一半（0.5）。不過，還是要尊重市場。

我們經常會聽到「強勢反彈」和「強勢整理」，這是什麼意思？簡單說，當指數從底部往上漲時，漲到 0.618，就是強勢反彈；0.5 是中度反彈；0.382 是弱勢反彈。相反的，當指數從高點往下跌，跌到 0.618 是弱勢整理，0.5 是中度整理，0.382 是強勢整理。

當指數反彈後，個股也會有反彈行情，可以去搶短，但要

明瞭這只是反彈，不是多頭，只能短線操作。搶短的資金，最好控制在三成以內。

掌握了黃金切割率的計算方法，也就掌握高點和低點。

PART 4
傻瓜當沖法

01 當沖有賺有賠，
投資前做好萬全準備

2020 年當沖成為台股投資的主流！「無本當沖」吸引很多股市「小白」（剛進入股市的投資者）投入。根據證交所統計，當沖占每天的成交比重達高達四至五成，成為不可忽視的力量。

其實，政府在 2017 年就已經開放當沖，只是當時並沒有吸引太多年輕人投入。直到新冠疫情爆發，宅在家的學生和失業者前仆後繼投入股市淘金。加上，美國聯準會的「資金量化寬鬆政策」（QE）注入不少活水，為股市帶來前所未見的 V轉，更創造不少「少年股神」。

不過，根據金管會的報告指出，開放當沖交易稅減半政策至今，當沖的平均投資報酬率很低。做當沖只能賺到微薄小

利。連永豐金首席經濟學家黃蔭基都表示，他曾花整整三年玩當沖，竟然只賺到 1 萬元，他不平道：「平均每天只賺 10 元」，而且「每天（心情）都很忐忑」。

在牛市的時候，股市沖沖樂，確實能賺到錢。當 2021 年 7 月台股來到最史上最高點 18,034 點後，就開始下跌。首當其衝的是年輕人最愛當沖的航運三雄——長榮（2603）、陽明（2609）、萬海（2615），由多翻空。

航海王翻船後，陸續爆發違約交割事件。7 月 23 日爆出多位投資者買長榮違約交割，金額達 4,615 萬元，這其中有人甚至連 3,500 元都付不出來。萬海也兩度爆出違約交割，一次高達 7,562.9 萬元，一次為 3,636.6 萬元，總計超過 1 億元。

違約交割通常發生在當沖賠錢的情況，因為沒有現金，無法補足款項，或是做錯方向、股票賣不掉（作多跌停），或買不回來（作空漲停）。像萬海在 8 月 18 日的違約交割，就是先賣後買（作空），最後漲停，無法買回股票而造成。

有鑑於許多年輕人不熟悉當沖遊戲規則，就冒險做起當沖。事實上，在投資時，越是短線操作風險越大。再加上教學

時，常有學生希望我能教他們如何當沖，我決定將二十多年的投資方法，結合當沖技巧，分享出來。希望能夠讓大家了解當沖的技巧、風險提醒，並幫助大家提高當沖的勝率。

02 什麼是「當沖」？

當日開盤後，也就是早上 9 點到下午 1 點半之前，完成買賣股票並賺取價差。因股票不會放到下一個交易日（隔天），也稱之為「不留倉」。當沖標的包括：股票、期貨、ETF，本篇以股票當沖為主，又分為作多和作空。

❶ **作多**：當日先買，收盤前一定要賣出。可以用「現股買進→現股賣出」，或是「融資買進→融券賣出」。以融資和融券來做，必須請營業員將該筆交易方式改成「現股當沖」。

❷ **作空**：當日先賣，收盤前一定要買回。「現股賣出→現股買回」，或是「融券賣出→融資買回」。

為什麼要做股票當沖？常見理由有兩個：

一、不用承受收盤後的偶發事件風險，或深夜、清晨，國際股市開盤後的劇烈波動。

二、買股票時，帳戶可以沒有資金，也就是所謂的「無本當沖」。

股票當沖，要有以下幾個條件：

❶ 開戶滿三個月以上。

❷ 最近一年內，成交筆數十筆以上。

❸ 要簽署「風險預告書」、「有價證券當日沖銷交易風險預告書暨概括授權同意書」及「證券商辦理應付當日沖銷券差有價證券借貸契約書」。

無本當沖係金ㄟ嗎？

當沖最大的誘惑是可以沒有資金。若到券商開戶，一天有 499 萬元能做當沖，一毛錢都不用出。今天買、今天賣、有獲利「T+2」（股票成交日後的第二個交易日）錢就進來。對年

輕人來說，當沖很有吸引力，因為很多小資族的戶頭可能連 1 萬元都沒有，1 萬元也很難買股票，但是做當沖，可以用每日可交易的額度去沖。

此外，很多股市小白喜歡看網路資訊和論壇，在行情好的時候，有些人會上去炫耀，今天賺了多少，而且「我根本不用花一毛錢」。實際上，進去當沖後會明瞭，根本不是這樣。

我不認同「無本當沖」。做當沖，戶頭還是要留有可以交割的資金。如果這筆交易賠錢，戶頭要留有可扣的資金。另外，萬一你作多，卻買到跌停的股票；或是作空，買到漲停的股票，戶頭要有錢可以交割。

而且，當沖並不是沒有成本，要付證交稅和手續費。當沖的證券交易稅減半，為 0.15％（賣出時收取），是一定要支付的稅金；手續費為 0.1425％，買進、賣出時都會被收取，它是給券商的，雖然可以和券商談折扣，但還是要付。

常有人問我，每天要用多少錢當沖？通常我會建議，若你手中有 100 萬元，最多當沖 100 萬元；手上有 50 萬元，就做 50 萬元。手上有多少資金，就做多少的股票，不要做超過自己

能力範圍的事。

　　還有，最好去開融資戶，以備不時之需。這是買保險的概念，以防萬一你不小心買太多、沖不掉的時候，在盤後可以請營業員將「現股買進」改成「融資買進」，交割資金可以少付一半資金。

　　在做當沖的時候，要特別留意這檔個股能否融資、融券，以及現沖。如果是不能融資、融券、禁現沖的股票要刪除。券商提供的下單交易介面，會提醒該股票的狀況，如星鏈概念熱門股台揚（2314）「禁現沖」，不要看到它很強勢，就跳下去買，那就悲劇了。

如何找到強勢股

　　當沖最重要的是——選對股票。要如何選？我的方法和做波段股票一樣。每天整理出一張法人買賣的「籌碼表名單」。作多，就將投信和法人在上市和上櫃買超的前 35 個名單，全部放進看盤軟體裡，分類為「強勢股」；作空，就將投信和法

人在上市和上櫃賣超的前 35 個名單，放進看盤軟體，分類為「弱勢股」。

我還會一檔一檔看，從技術線型、法人籌碼等分析，確認哪幾檔明天最有機會當沖。通常投信或外資連續買而且買很久的股票，會比較容易漲。

隔天開盤時，打開看盤軟體，再去按漲跌幅。作多就找一開盤往上漲的標的；作空就找一開盤往下跌的標的。

當沖注意事項

❶ 當沖時間點

1. 如果當天大盤的成交量不大，做當沖的時間有兩個：開盤到 10 點；12 點或 12 點 30 分到收盤。通常一開盤，會有隔日沖賣壓，這時候會有量；收盤的時候，隔日沖會為明天做準備，也會進場買，就會出量。

2. 如果今天大盤成交量大且上漲氣勢強，就沒有這個

問題。盤中個股會有量增、往上漲。

❷ 收盤前一定要平掉手上的部位。

所以，在 13 點之後就不要再現買／現賣。股票在最後的 30 分鐘，不太會有太大的行情及波動，這時候當沖，風險大於獲利。投資要切記：不要增加自己的風險。

當沖操作方法

❶ 注意成交量。有量才有價，「量」是一檔股票氣勢強弱的關鍵。在開盤時，看你選中的個股今日的預估成交量，與 5 日成交量相比，至少要 1.2 至 1.5 倍以上，越大越好。作多一定要有量，有量才有辦法漲上去；作空不一定要有量，空可以是無量下跌，它對量的要求沒那麼高。

❷ 作多：多方力道＞空方力道；作空：空方力道＞多方力道。

❸ 進場的時候，漲幅或跌幅都在 5％以內，操作的空間比較大。如果進場的時候已經漲了 5％或 6％以上，就放

棄，或是等它回到 5％以內時再進場；如果離漲停或跌停只有 2％，就不要操作。

❹ 看一檔個股的融資券比，超過 35％容易有軋空行情。

❺ 作多，開盤的第一個 5 分 K，高於昨天的收盤價，如果跌破開盤價，代表上漲氣勢轉弱。最好是跳空漲，這是強勢股的代表；作空則相反。

❻ 看盤的均線設定：5 均線、10 均線、21 均線、55 均線。當沖是做短線，主要看 5 均線、10 均線，21 均線是最後的防守位置，不能跌破；55 均線主要是看方向，作多看它的角度，要往上揚。

❼ 做好停損：替自己設定一個相對容易的出場點，如獲利 2.5％至 3％出場，賠 1.5％出場。

❽ 一天當沖不要做超過 5 檔，才辦法照顧。

當沖出場點

遇到以下三種情形，就要出場：

❶ 第一個出場點：跌破 5 均線，可以賣一半，或是全賣。

❷ 第二個出場點：5 均線向下、跌破 10 均線，且交叉向下，上漲的氣勢轉弱；在技術指標的部分，MACD 紅棒持續縮減，且 K 值、D 值交叉向下。通常 K 值、D 值會先行反應，這時候最好全出。

❸ 最後的出場點：跌破 21 均線，且所有技術指標都弱，一定要全賣。

當沖要沖多少價位的股票？

目前市場上最好沖的是 50 元～ 150 元之間的股票，因為只要漲一個 TICK（檔位）就能賺到錢，以每股 100 元的股票來說，只要漲 0.5 元就能獲利。不過，這也意味這種價位的股價只要一拉上去，很快就會被賣下來。

其次是 500 元以上到 1,000 元的股票；1,000 元以上就更少人做，畢竟一張就要 100 萬元，就算挑對股票，進場的時候手也會抖，一跳就是 5,000 元，若看錯，停損也會讓心臟難以

承受，而且高價股買賣的掛單量較少，成交速度沒那麼快。不
過，高價股在趨勢很明確的時候，我也會去當沖。

作多案例：中探針 (6217)

9月 15 日盤後挑到這檔強勢股，技術指標整體是多頭格局，均線上揚，且短期均線（5 日均線）在長期均線（10 日均線、20 日均線）之上，量也偏多；前一天（9月 14 日）融券一直增加，有軋空行情。

開盤後要觀察以下幾個重點：

❶ 先看預估量，今日估計量為 107,267 張 > 5 日均量 45,264 張，達到 2.3 倍，是「量增價漲」。

❷ 一開盤的 5 分 K 跳空上漲，再來看外盤 > 內盤（紅柱大於綠柱），代表買方力道 > 賣方力道。

❸ 開盤漲幅在 5% 之內。在第二根 5 分 K 就可以進場，大約買在 46.65 元。

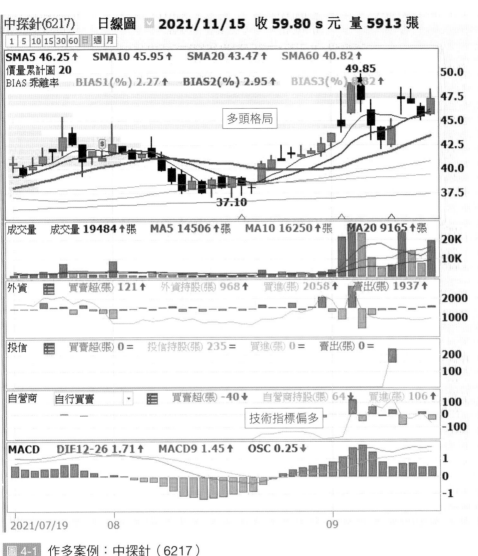

中探針(6217)　　日線圖 ☑ **2021/11/15** 收 **59.80** s 元 量 **5913** 張

1 5 10 15 30 60 日 週 月

SMA5 46.25 ↑　　**SMA10 45.95 ↑**　　**SMA20 43.47 ↑**　　**SMA60 40.82 ↑**
價量累計圖 20
BIAS 乖離率　　**BIAS1(%) 2.27 ↑**　　**BIAS2(%) 2.95 ↑**　　BIAS3(%) 8.82 ↑

49.85

50.0

多頭格局

47.5

45.0

42.5

40.0

37.5

37.10

成交量　成交量 **19484 ↑** 張　　**MA5 14506 ↑** 張　　**MA10 16250 ↑** 張　　**MA20 9165 ↑** 張

20K

10K

外資 ☰　買賣超(張) **121 ↑**　　外資持股(張) **968 ↑**　　買進(張) **2058 ↑**　賣出(張) **1937 ↑**

2000

1000

投信 ☰　買賣超(張) **0 =**　　投信持股(張) **235 =**　　買進(張) **0 =**　　賣出(張) **0 =**

200

100

自營商　自行買賣　▾ ☰　　買賣超(張) **-40 ↓**　　自營商持股(張) **64 ↓**　　買進(張) **106 ↑**

技術指標偏多

100
0
-100

MACD　**DIF12-26 1.71 ↑**　　**MACD9 1.45 ↑**　　**OSC 0.25 ↓**

1

0

-1

2021/07/19　　　08　　　　　　　　　　　　　　　　　09

圖 4-1　作多案例：中探針（6217）

Column

何時該出場？

❶ 連續三根往上拉以後，高點不過高，就要留意可能回檔。以高角度往上拉的股票，回檔一旦跌破 5 均線，就要出場，大約賣在 47.5 元。可以賣一半，或是全出，獲利約 2%。

❷ 第二個出場點是 5 均線往下，且跌破 10 均線，代表上漲氣勢轉弱。在技術指標部分，MACD 紅棒持續縮減，且 K 值、D 值交叉向下。這時候要全出，大約賣在 47.35 元。

❸ 最後一定要出場的地方是跌破 21 均線，這是轉弱或休息的訊號，大約在 47 元，全部賣掉。

12 點以後又可以看到中探針的成交量慢慢增加，12 點 30 分出量，技術指標往上走，可以再做一次交易，跌破 5 均線再出場。

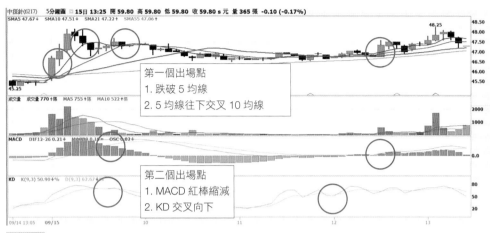

第一個出場點
1. 跌破 5 均線
2. 5 均線往下交叉 10 均線

第二個出場點
1. MACD 紅棒縮減
2. KD 交叉向下

圖 4-2 作多案例：中探針（6217）5 分鐘圖

作多案例：金像電（2368）

　　9 月 17 日，金像電的估計量大於 5 日均量。開盤後的第一根 5 分 K 突破往上，且帶量，這是強勢表態。在第一根、第二根 K 棒就是很好的進場點，大約買在 70.2 元。

代碼	成交	漲跌	漲幅	5 日均量
金像電（2368）	74.0s	↑ 5.90	+8.66	28,271 →估計量大於 5 日均量

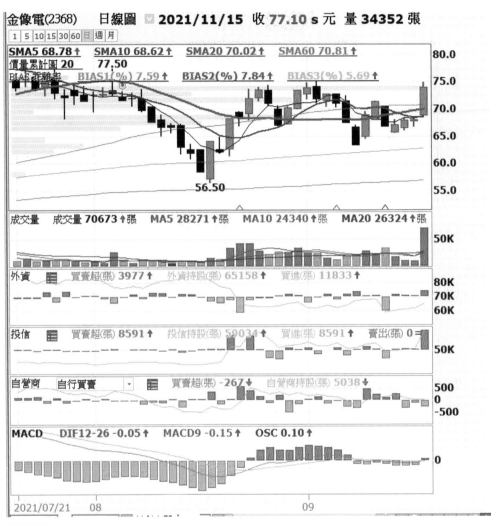

圖 4-3 作多案例：金像電（2368）

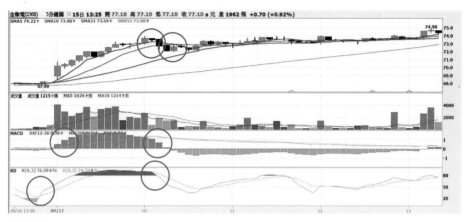

圖 4-4 出場時機：金像電（2368）5分鐘圖

何時該出場？

買進後，高點一直過高點，且持續往上拉。在 5 日均線向下，與 10 均線交叉時出場，大約賣在 73.1 元，獲利約 4%。

作多案例：閎康（3587）

　　2021 年 10 月 8 日一開盤往下跌，且第一個 5 分 K 收黑 K，不能進場。直到 9 點 25 分才出現買訊，5 分 K 站上 5 均線，且收了紅 K，在 154 至 154.5 元間買進。買了以後的停損點設在進場那根 K 棒的最低點 153.5 元。

何時出場？

　　10 點 45 分，5 分 K 走平，跌破 5 均線就可以出場，在 158 元賣出，或是賣一半。

　　第二出場點是 10 點 50 分，5 均線跌破 10 均線，代表趨勢轉弱了，一定要離開，大約賣在 157.5 元。

　　最後出場點是看 21 均線。11 點 55 分的那一根 5 分 K 為 159 元，收在 21 均線 159.24 之下，全部賣出，獲利了結。

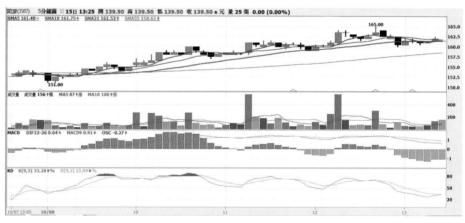

圖 4-5　出場時機：閎康（3587）5 分鐘圖

作多案例：健策（3653）

　　找強勢股，還可以用一個技術指標來幫忙判斷。每天收盤後，可以去看法人買的股票，找低基期的，如健策在9月22日的日線、KD、MACD，剛開始要交叉向上，這種底部盤整、正要往上突破的股票，當沖的勝率更高。在籌碼上，外資和投信都在買，而且投信已經買很久，這種就容易上漲。

　　9月23日，一開盤就跳空往上，強勢作多訊號。買進後守住第一個5分K的低點，跌破5均線就出場。

圖 4-6　作多案例：健策（3653）

作空案例：旺宏（2337）

　　2021 年 9 月 17 日旺宏的技術指標全都轉弱，這是很適合作空的標的；融資融券沒有變化，沒有軋空行情；當天從買賣力道可以看出，內盤大於外盤，想賣的人比較多。

代碼	成交	漲跌	漲幅	5 日均量
旺宏（2337）	37.15s	↓ 1.05	-2.75	17,705 成交量大於 5 日均量

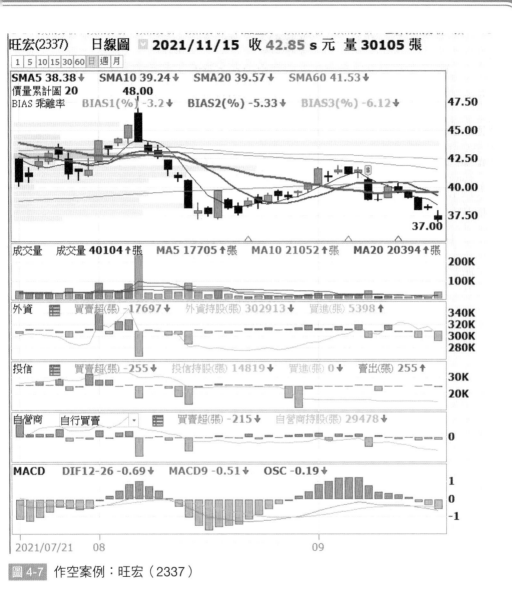

圖4-7　作空案例：旺宏（2337）

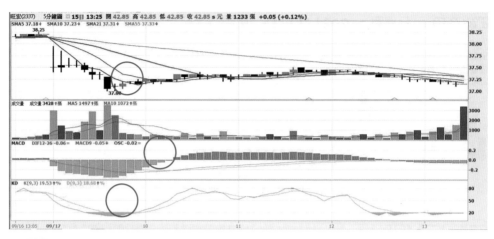

圖 4-8 出場點：旺宏（2337）5 分鐘圖

　　一開盤就跳空往下，過了第一個 5 分 K 就一路走弱，在第五個 5 分 K 量能出來，且低點過了前低，開始往下走。作空是「現股賣出」，大約賣在 37.55 元。

何時買回

出場點（買回）有三個：

❶ 5 分 K 收在 5 均線以上。大約在 9 點 50 分出現訊號，大約在 37.2 元買回。可以全部出場，或是出掉一半。

❷ 5 均線、10 均線交叉向上、MACD 綠棒縮減、開始轉強，在 10 點 15 分買回。

❸ 漲破 21 均線，要全部買回。這是就算不想買回也要買回的關鍵位置。到了 12 點半，旺宏技術指標開始往下走，可以再作空一次。

作空案例：中鋼（2002）

2021 年 10 月 8 日當天，第一根 5 分 K 開在前一天的高點之上，不能進場。

直到 9 點 20 分，KD 交叉向下，技術指標偏弱；9 點 30 分，MACD 紅棒縮到最小；9 點 35 分 MACD 轉綠，5 分 K 收在所有的均線下方，這個時候可以作空，大約在 34.45 元。

圖 4-9 作空案例：中鋼（2002）5 分鐘圖

何時買回

出場點（買回）有三個：

❶ 第一個買回點是 5 分 K 漲到 5 均線之上。

❷ 第二個是 5 均線、10 均線交叉向上，開始轉強。

❸ 第三看 21 均線。中鋼當天開盤後一路走弱，13 點 KD
交叉向上，可以空單回補，約在 33.2 元。

　　2021 年 10 月 12 日一開盤就往下跌，觀察第一根 5 分 K 且出大量，可以在第 2 根作空，開盤價 94.8 元現股賣出，9 點 20 分曾出現漲破 5 均線，之後回跌，直到 10 點 10 分，5 均線交叉 10 均線之上，MACD 收紅棒，獲利出場。

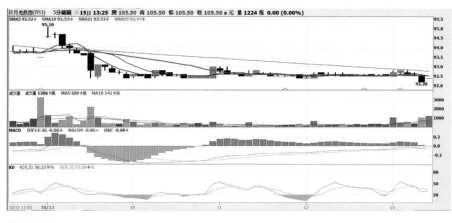

圖 4-10　作空案例：日月光控股（3711）

Notes

作空案例：華邦電（2344）

9 月 17 日的成交均量大於 5 日，內盤成交量大於外盤（綠棒大於紅棒），代表賣方大於買方。華邦電技術指標偏弱：均線糾結往下、法人賣超、融資券沒有什麼太大變化。

第一根 5 分 K 跳空往下，持續再低，在 9 點 10 分到 15 分可以作空。現股賣出，價位大約在 28.4 元。

代碼	成交	漲跌	漲幅	5 日均量
華邦電（2344）	27.70s	↓ 1.00	-3.48	30,154 成交量大於 5 日均量

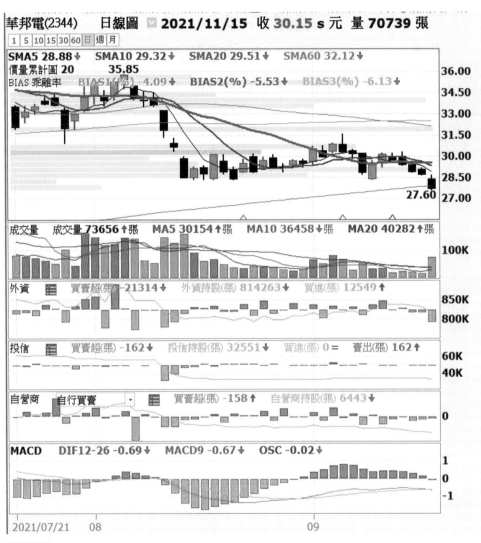

華邦電(2344)　　日線圖 ☑ 2021/11/15 收 30.15 s 元 量 70739 張

1 5 10 15 30 60 日 週 月

SMA5 28.88↓　　SMA10 29.32↓　　SMA20 29.51↓　　SMA60 32.12↓
價量累計圖 20　　　35.85
BIAS 乖離率　BIAS1(%) -4.09↓　　BIAS2(%) -5.53↓　　BIAS3(%) -6.13↓

36.00
34.50
33.00
31.50
30.00
27.60
27.00

成交量　成交量 73656↑張　　MA5 30154↑張　　MA10 36458↓張　　MA20 40282↑張

100K

外資 ▤　買賣超(張) -21314↓　　外資持股(張) 814263↓　　買進(張) 12549↑

850K
800K

投信 ▤　買賣超(張) -162↓　　投信持股(張) 32551↓　　買進(張) 0 =　賣出(張) 162↑

60K
40K

自營商　自行買賣　▾　▤　買賣超(張) -158↑　　自營商持股(張) 6443↓

0

MACD　DIF12-26 -0.69↓　　MACD9 -0.67↓　　OSC -0.02↓

1
0
-1

2021/07/21　08　　　　　　　　　　　　　09

圖 4-11　作空案例：華邦電（2344）

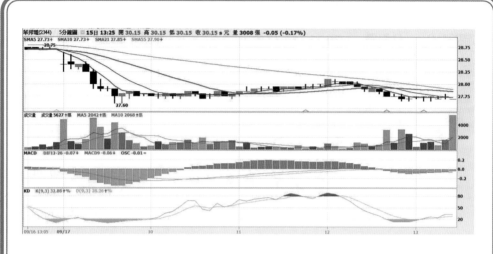

華邦電(2344)　5分鐘圖　■15日 13:25　開 30.15　高 30.15　低 30.15　收 30.15 s 元　量 3008 張　-0.05 (-0.17%)
SMA5 27.73↑　SMA10 27.73↑　SMA21 27.85↑　SMA55 27.90↑

圖 4-12　出場時機：華邦電（2344）5 分鐘圖

何時出場

➊ 第一個出場點是 5 均線向上，就可以空單回補，大約在
27.75 元。

➋ 第二個位置在 5 均線、10 均線交叉向上、MACD 綠棒
縮減，要轉為紅棒，在 27.7 元。

➌ 最後的賣點是漲破 21 均線，一定要出清。

Column

03　當沖能否加碼或攤平？

在當沖的時候，進場買對了，會想要加碼；買錯了，會想要攤平，可不可以這麼做？如果你買對了，當然可以加碼；買錯了，最好不要攤平，否則會越攤越平，虧損更多。

而加碼的出場原則是，要一起出場。出場就代表局勢改變了，除非是出場後又有買進訊號，可以再進場。可以謹守以下兩個準則：

- 加碼——只要做對了，都能加碼，無論作多或是作空。
- 攤平——做錯就不要拗，買進後下跌的股票不能加碼，只會越跌越深，為什麼？我們後續可以用實例檢視。

作多加碼案例：長榮（2603）

2021 年 11 月 8 日觀察到長榮開始走強，12 點 40 分突破，這一根 5 分 K 收在 119 元。買進後股價表現還是很強，可以用 119 元 ×2.5％來計算下一個加碼點，大約在 122 元。不過，長榮這一天拉尾盤，股價來到 122 元時，已經過了 13 點，就不要再加碼。

加碼的原則是以漲停板 10％為基準，切成四等分。進場後，上漲到 2.5％，就可以加碼，基本上可以加碼三次。波段或是當沖都適用。

長榮(2603)　5分鐘圖　圖 15日 13:25 開 112.00 高 112.00 低 112.00 收 112.00 s 元　量 4250 張　-0.50 (-0.44%)

SMA5 122.50↑　SMA10 121.10↑　SMA21 119.17↑　SMA55 117.86↑

成交量　成交量 13100↑張　MA5 14098↑張　MA10 13142↑張

MACD　DIF12-26 1.52↑　MACD9 0.98↑　OSC 0.54↑

KD　K(9,3) 91.67↑%　D(9,3) 86.02↑%

圖 4-13　作多加碼案例：長榮（2603）5 分鐘圖

作多加碼案例：威盛（2388）

2021 年 11 月 8 日，當天可發現威盛是強勢股，不過，一開盤下跌，不能買。當沖只能買在平盤以上的股票，才是強勢。直到 11 點 20 分的 5 分 K 才有買訊，買在 72.5 元。

加碼時機

買進後，繼續往上漲，加碼可以用 72.5×2.5％計算加碼點，股價約在 74.3 元。

12 點 45 分股價來到 74.3 元，加碼一次。12 點 50 分漲停，獲利了結。

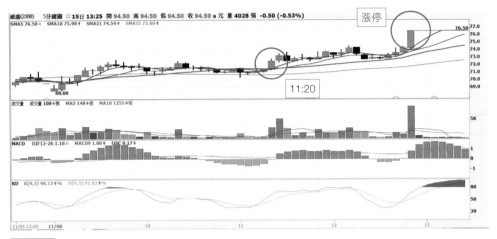

圖 4-14 作多加碼案例：威盛（2388）5 分鐘圖

作空加碼案例：智原（3035）

2021 年 11 月 8 日，智原（3035）一開盤就往下跌，技術指標轉弱，KD 交叉向下，在 9 點 5 分就可以空它。賣出後，持續往下。

加碼時機

想再加碼，以放空價格 191 元 ×0.975 ＝ 186 元。10 點 10 分股價來到 186 元加碼作空一次。11 點 25 分技術指標轉強，全部回補，不能分批回補。

當沖的操作要很有策略和紀律，當技術指標轉強和轉弱時，要照表操課。雖然臨機應變很好，但不見得會賺到錢。該賣出、買回的時間，都要確實執行。

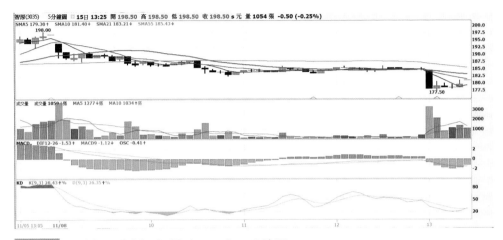

圖 4-15 作空加碼案例：智原（3035）5 分鐘圖

　　2021 年 11 月 8 日永光一開盤就很強勢，跳空往上漲，買在第一根 5 分 K，或是第二根 5 分 K 都沒有錯。但是，第三根 5 分 K 就開始走弱。

　　買進去以後套牢，有些人就想：「我去攤平一下」，這是人之常情。不過，通常你會發現越攤越平。買進去套牢的股票，最好等到解套再進場，可以加碼在買進的點位。

　　以永光來說，後來一直沒有再回到買進的點位，只能停損出場。

停損時間

　　停損的點位有三個：

① 5 分 K 收在 5 均線以下。

② 5 日均線，10 均線交叉向下。

③ 最後的出場點位在 21 均線。10 點 5 分，跌破 21 均

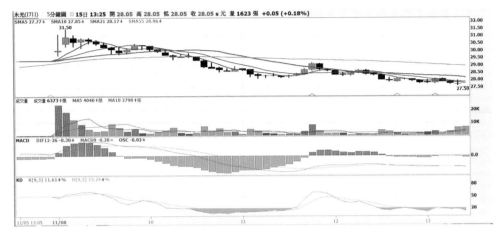

圖4-16 停損案例：永光（1711）5分鐘圖

線，股價 29.95 元，或是下一根 5 分 K，10 點 10 分的 29.7
元，一定要出場。

　　永光開盤之後，技術指標慢慢轉弱，9 點 30 分 KD 已經交
叉向下。9 點 50 分雖然收了一根紅 K，不過技術面仍是弱的，
MACD 綠棒、KD 也是交叉向下。想要在任何點位攤平都不適
合，最後的結果是：賠更多。

　　所以，個股只能在對你有利時（賺錢）才能加碼，不能在
對你不利時（賠錢）攤平。

當沖要搭配大盤

做當沖要搭配大盤走勢,再決定作多或作空。如果當天大盤很強,「作多」較容易;大盤不好,「作空」較容易。不過,大盤在交易時間內會上下震盪,出現「開高走低」或「開低走高」,因此,要配合大盤走勢來做,例如 2021 年 10 月 8 日,在 10 點以前大盤很好,可以找多方標的;10 點以後跌破平盤,可以去找空方標的。

我會留意大盤(TSE)、期貨、櫃買指數(OTC)的強弱。在台股,期貨是先行指標,如果期貨當天很強,大盤就不會弱。

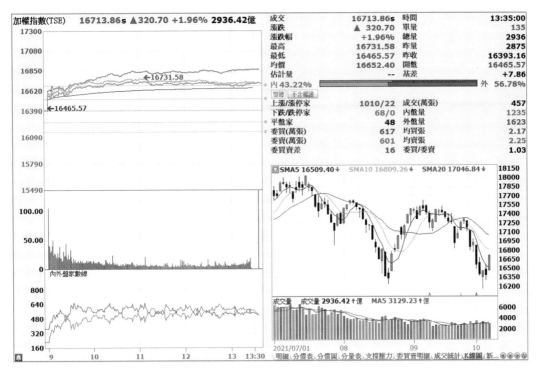

加權指數(TSE)　16713.86s ▲320.70 +1.96% 2936.42億

成交	16713.86s	時間	13:35:00
漲跌	▲ 320.70	單量	135
漲跌幅	+1.96%	總量	2936
最高	16731.58	昨量	2875
最低	16465.57	昨收	16393.16
均價	16652.40	開盤	16465.57
估計量	--	基差	+7.86
內 43.22%		外 56.78%	
上漲/漲停家	1010/22	成交(萬張)	457
下跌/跌停家	68/0	內盤量	1235
平盤家	48	外盤量	1623
委買(萬張)	617	均買張	2.17
委賣(萬張)	601	均賣張	2.25
委買賣差	16	委買/委賣	1.03

圖 4-17 2021 年 10 月 7 日大盤走勢

　　2021 年 10 月 7 日，期貨（綠色的線）強於大盤（藍色的線），這一天大盤就會強；櫃買指數（紫色的線）在最上方，當天是很強勢的盤，作多容易。

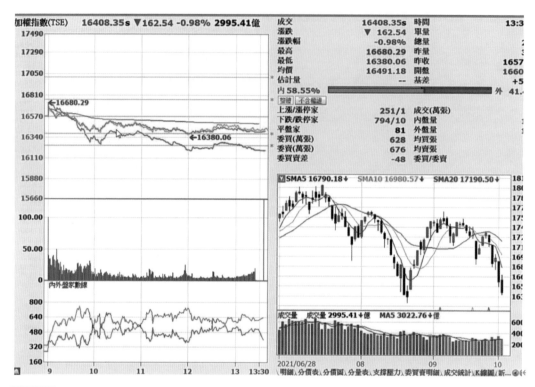

圖 4-18 2021 年 10 月 4 日大盤走勢

2021 年 10 月 4 日,一開盤櫃買指數就往下摜,期貨也弱於大盤,這一天適合找找空方標的。不過,12 點後,期貨開始走強,高於大盤,是止跌訊號。

做當沖有「送分題」，有些人會專門在大盤大漲時「作多」、在大跌時進場「作空」，增加勝率。通常一個月會有幾次這樣的機會。當大盤在盤整的時候就休息，如上圖，櫃買指數、期貨、大盤，三條線糾結在一起，這一天偏向盤整。

當沖贏家心法：紀律操作＋心理素質

　　當沖能不能賺到錢和技巧無關，技巧多學幾次就會，與心理素質的關聯性比較大，也較難克服。原則上有兩點是投入前務必牢記心中：

❶ 不能太貪，假設你設定賺 2.5％就要出場，不要貪是否漲更高再賣。

❷ 當機立斷，如果設定賠 1.5％要出場，當下就要立即停損。

　　股市變化多端，我們能夠提供操作準則，例如賠 1％至 1.5％要停損出場，或是破了重要的點位一定要出場，都是為了保護投資朋友。但，這個出場點是對或錯？事後驗證不一定是

對的。有可能留著不賣，到尾盤它又拉上來，還能賺錢。

這時候投資人的心裡會很掙扎，到底要不要按照書上教的紀律操作？若是不按照紀律，又會把自己放在危險的地方。這種心理素質不是一般人能夠擁有的。

在停損的時候，依照人性都砍不下去的，心裡會很痛。所以，很多人會想說，再等等，說不定等一下就會拉上去。如果你曾經因為「等等」，從虧錢變成賺錢，這個經驗就會印在你的腦子裡變成迷思。但通常十次中，只有二～三次是對的。因此，要按照紀律出場，一旦 K 棒跌破了出場點，該砍就要砍。

有些人乾脆就不要自己停損，用智慧下單，設定好停損點，由系統賣出。不過因為是由系統幫你執行，如果停損結果是變成不設定停損，反而會賺到錢，很多人就會想說，再拗一下吧！太多「拗」的結果就是「小賺大賠」。

04 教你當沖月賺 10 萬元

　　當沖不容易賺到大錢，但如果你想要一個月賺到 10 萬元退佣，也就是變相的月薪 10 萬元（還不用扣稅），就是採用券商退佣的方式。但前提是每個月要做到 8,000 萬元交易量，配合適當的手續費率。以台股一個月平均交易日 20 日計算，一天的交易金額（買＋賣）要達到 400 萬元。要怎麼做？有兩個方法：

❶ 向券商開出每天的交易額度，最好有 400 萬元以上。

❷ 談到很好的手續費折扣。

一、每日交易額度

目前使用網路開戶，每日券商給的交易額度為 100 萬元；

到券商臨櫃開戶，如果已經有交易經驗經，爭取後交易額度可以到 499 萬元，因為法規規定 500 萬元以下不需要財力證明（如果完全沒有交易經驗，交易額度則視各家券商的內規而訂）。請注意交易額度 100 萬或 499 萬元，是一天買進的額度。以 499 萬元為例，當天可買的金額上限為 499 萬元。

如果一天想交易較高的額度，就要和券商談，他們會依照三個面向來判斷是否開額度給你，以及開多少額度。

❶ 名下有房產的人，可以用房地產當擔保。券商會請你提供房產資料，他們會以實價登錄查詢現在的房價，扣掉房貸後的剩餘價值來當成財力證明。例如，房子的實價登錄為 1500 萬，貸款有 1000 萬，500 萬元可作為財力證明。

❷ 提供存款餘額，例如在銀行存了 200 萬元。

❸ 股票在這家券商的庫存，例如有 300 萬元股票。

券商會用這三個金額，提供兩、三倍的當沖交易額度，通常會給兩倍。上面的例子，三個加起來是 1,000 萬元，券商會給每天 2,000 萬元的交易額度；若你和某家券商往來一陣子，而且

信用良好、沒有違約交割記錄，最多會給你三倍額度。

二、當沖手續費

只要沒有信用瑕疵，現在多數券商的手續費可以談到二八折，而現在也有很多券商的電子下單就直接給二八折。

試算一下：月成交量 8,000 萬元，手續費不打折（0.1425%），一個月要付 228,000 元手續費。打二八折後，券商只會向你收 63,840 元手續費，退佣達 164,160 元。每一筆交易都要支付證券交易稅，當沖稅減半是千分之 1.5（0.15%），為 6 萬元。

表 4-1 當沖手續費試算

交易股數	800,000	
股價	100	
月成交量元	80,000,000	
手續費不打折	0.285%	228,000 元
打 28 折	0.080%	63,840 元
退佣		164,160 元
稅：	0.15%	60,000 元
月退		104,160 元

網站好幫手

　　向券商開好交易額度及折扣後，接下來就是操作面。因為你的目的是賺退佣，買進、賣出只求打平成本，不求能賺，這個原則要記住。

　　至於如果計算成本，有很多網站提供「現股當沖試算」，如 https://stock-calculator.net/views/dayTrading.html，可參考以下使用方式。

網站操作 STEP BY STEP

STEP 1

　　輸入你的手續費折數 2.8 折;第二欄的最低手續費是 20 元,一般不是買股零股票的最低手續費為 20 元,不會變動;折讓方式選擇月退。

現股當沖試算

帳戶屬性

手續費折數* ⑦ 如何填寫?

2.8

最低手續費(元)*

20

折讓方式* ⑦ 計算方式

月退

試算

價格(每股)*

100

張數*

1

做多 / 放空*

做多(買)

假設你買的股票一張為 100 元，只要漲一個 TICK（檔位），也就是 0.5 元。股價為 100.5 元，扣掉手續費 285 元、證交稅 150 元，一張就賺了 271 元。

試撮結果			
賣恰	手續費	證交稅	損益
	顯示更多		
99.7	78	149	-527
99.8	78	149	-427
99.9	78	149	-327
100.0	78	150	-228
100.5	79	150	271
101.0	79	151	770
101.5	79	152	1,269
	顯示更多		

STEP 3

一張 50 元的股票，只要漲 0.2 元，股價為 50.2 元，扣掉手續費 142 元、證交稅 75 元，就能賺到 85 元。選對股票，只賺一、二個 TICK 並不會太難。

試撮結果			
賣恰	手續費	證交稅	損益
	顯示更多		
49.85	40	74	-264
49.90	40	74	-214
49.95	40	74	-164
50.0	40	75	-115
50.1	40	75	-15
50.2	40	75	85
50.3	40	75	185

資料來源：https://stock-calculator.net/views/dayTrading.html

賺退佣的人，買股票時不追高，買進後一漲上去，有賺就賣，按照紀律執行，就能夠輕鬆賺到退佣。停損也是一樣，控制在一至二個 TICK。至於虧損的錢，下一次再賺回來就好。

一次買進的金額可以控制在 50 萬元到 100 萬元，這樣做一筆就是 100 萬到 200 萬元（買、賣的總和）。另外，每一筆交易都是獨立的，沖掉一筆，再做下一次，一天只要做二至四次，就達到 400 萬元的目標。

切記，千萬不要一次就花 400 萬元買進、賣出，這樣風險太大了。若是挑錯股票，會很難執行停損。當你砍不下手的時候，戶頭還是要有錢去交割。

當沖的股票都是熱門股，如塑化類股很強的時候，台聚（1304）、亞聚（1308）一張 40 至 50 元的股票，一次交易個十張，來回做個幾次就可以；高價的如 IC 設計股，買五張來回做也可以。選股時，一天只要選二至三檔股票，或盯一檔也可以。

當沖賺退佣，比起當沖更容易賺到錢，原因在於不用冒太大的風險。只要漲 0.5％就出場，等於是買進去，跳一下就出

場，不需要等到有 2% 至 3% 獲利才出場。

　　我有一位學生，每天只做當沖賺退佣，他很有紀律，一到 500 萬元就收工，一個月就有超過 10 萬元的收入。這幾年各行各業受疫情影響，工作難找，就算找到，想要月入 10 萬元也不容易。

　　最後，我想提醒大家，想賺錢的方法都一樣，要認真努力、持之以恆的學習，天下沒有白吃的午餐，也沒有不勞而獲的事情。學好技巧、加強心理素質，股市是靠經驗累積，加上不斷的練習，才能淬煉出一身的工夫。

Notes

PART 5

安心穩穩賺——
聰明存股術

存股當存錢，可行嗎？

　　台灣人愛儲蓄，也很熱衷「存股」。「存股」其實就是長期投資。只是如果講到「長期投資」，很多人就興致缺缺，換個名詞說「存股」，大家就會眼睛一亮，好像覺得買股票也可以像定存那樣簡單，還能穩穩賺。

　　「存股」成為顯學最主要的原因是，現在已經不是高利率的年代，把錢存在銀行裡，要有 3% 至 4% 的利率已經是不可能的事。尤其錢放在銀行，還會被通膨吃掉，因此，吸引很多人加入存股族。在台灣保守估計有三百萬以上的人在存股。

　　什麼是「存股」？存股是選擇配息穩定且績優的公司，買進股票後放著。因股價穩定，不用擔心波動大，也不需要每天看盤，很適合剛踏入職場的年輕人、工作忙碌的上班族，以及

追求穩定利息的退休族。

只不過，很多人聽到「存股」，會將重點放在「追求股息」，其實真的要長期持有股票，資本利得才是重點。如果只是「追求股息」，那就是捨本逐末。存股不是將股票用來「定存」，還要看它未來是否有上漲潛力。

所謂「資本利得」指的是，當你買進一檔股票以後，它會慢慢往上漲，在台灣有不少股票有這樣的特性。同時，存股並不是買進後就放著不管，也要在高檔獲利了結。

我很認同巴菲特的選股方式，他會選擇在低價時買進一檔股票，如金融股的富國銀行、可口可樂、蘋果等優質企業，但並不是想領股息，而是要賺資本利得，也就是股價上漲的獲利。

02 挑選存股三概念

　　釐清這個觀念後，接下來是選股。台股有一千七百多檔，要怎麼挑到有上漲空間又有殖利率的公司？存股，顧名思義是要存好幾年，篩選標準要比較嚴格，我會用以下三個標準來挑選存股標的。

護城河概念

　　是指龍頭企業，不只在台灣，在全球都有一定的領導地位，如台積電、鴻海、台塑四寶、日月光。還有在台灣的龍頭企業，如中華電信（2412）、統一（1216），以及產業龍頭，包括和泰車（2207）、統一超（2912）等。

什麼是「護城河」？在古代，城堡外面會有一圈河流，當人員進出的時候，守衛會放下吊橋，讓人、車、貨物進入；遇到敵人來襲的時候，會將吊橋收起來。又因城堡被河流保護著，敵人很難攻進來。

　　護城河概念的公司，是指這家企業有很大、很深的護城河，包括技術是全球最頂尖、價格優勢、客戶至上等。巴菲特非常重視企業的護城河和內在價值，他曾經於 2007 年在的〈致股東信〉中提到這個概念。他說：「真正優異的公司，必須有一條持久的『護城河』，為公司帶來超額的資本報酬。」在買進一家企業的股票時，他會優先考慮有沒有護城河。

　　我將護城河概念再細分為幾類。首先，在台灣及全世界都具有競爭力，如台積電（2330）、鴻海（2317）、日月光投控（3711）等。台積電不僅是台灣、也是全球最大的晶圓代工廠；台塑四寶和鴻海，是台灣最大的兩家民營企業集團，鴻海是全球最大的系統組裝廠（EMS），也是全球製造業雇用最多員工的公司；日月光是全球最大的封裝測試廠，市占率超過二成。

其次是特許行業，公司必須經過相關主管機關同意才能設立，如中華電信，是台灣電信產業龍頭。最後是台灣最大的產業龍頭，如全台最大的食品廠統一集團，旗下有全台最多的便利商店 7-ELEVEN；和泰車則是台灣汽車業的龍頭。這些和民生相關的產業，是存股可以考慮的標的。

不會倒概念

存股還有一個原則，你買了以後，在你有生之年，這家公司不會倒，而且還能傳承給小孩，如官股金控、民營銀行、官股公司，包括中鋼（2002）、華航（2610）、中華電信（2412）、陽明（2609）等。這些公司國家不會讓它倒，如果經營上發生了狀況，國家會保住它。

有兩個產業國家絕對不會讓它倒：電信業及金融業，兩者都屬於特許行業，電信業要由交通部允許才能成立；金融業要由金管會允許。

當你買進認定不會倒的公司股票後，有一個原則：只有停

利，沒有停損。因為不會倒，所以可以領股息；每年領到股息可以將成本慢慢變少，最後甚至「零」成本。這也是巴菲特說的「雪球理論」，找一個長長的坡道，以及足夠的雪量，慢慢往下滾，錢會越滾越大。

高殖利率概念

存股的利息要能打敗通膨，殖利率就要高，通常為 4％至 6％。三大電信公司──中華電信（2412）、台灣大哥大（3045）、遠傳電信（4904），是傳統高殖利率股；一般銀行也是高股息概念。根據統計，台灣人最愛存的就是金融股。金融股又可以分為以下幾類：

❶ 官股銀行：由中華民國中央政府直接或間接持有多數股份的銀行，目前有八家銀行，包括：台灣銀行、土地銀行、台灣企銀、合作金庫、兆豐銀行、第一銀行、華南銀行、彰化銀行。其中，台灣銀行及土地銀行仍為國營，其他六家都已上市。

上市的六家官股銀行包括：彰銀（2801）、臺企銀（2834）、華南金（2880）、兆豐金（2886）、第一金（2892）、合庫金（5880）。通常，官股銀行的配息率會高於民營銀行。每年官股銀行會將賺到的錢配出七至八成，例如一年賺 2 元，配 1.6 元股利，而在其中，配最多的是兆豐金，其次是第一金、合庫金。

在官股銀行中，最多人存的是兆豐金，因為獲利最好。兆豐金在金融股裡擁有極為特殊的地位。它的前身是由兩家銀行「中國國際商銀」及「交通銀行」合併成立，並於 2002 年改名為「兆豐金融控股公司」。

「中國國際商銀」的前身是「中國銀行」，再前身是清朝時期的「戶部銀行」及「大清銀行」。1928 年中央銀行成立之前，中國銀行被賦予代理國庫及發行鈔券的任務。其後因台灣的地位不被國際承認，所以，中央銀行一直委託「中國國際商銀」海外分行當作是台幣和美元的清算銀行。合併後，兆豐金控紐約分行就肩負起這個責任。

因為有外匯的獨占地位，兆豐金的獲益最好且配息大方，

每年將獲利的八成配息，而且只配發現金，不配股票，深受喜歡領現金股利存股族的喜愛。

❷ 銀行／金控股。是指民營銀行及金控，也有政策性任務，所以，政府不會讓它倒。金融股又分為兩類：銀行股和金控股，銀行股只有銀行相關業務；成立金控要有三個要件，包括銀行、保險、證券，在這其中只要具備兩個就可以。

(1) 銀行股：京城銀（2809）、台中銀（2812）、高雄銀（2836）、聯邦銀（2838）、遠東銀（2845）、王道銀行（2897）、上海商銀（5876）。

(2) 金控股：富邦金（2881）、國泰金（2882）、開發金（2883）、玉山金（2884）、元大金（2885）、台新金（2887）、新光金（2888）、國票金（2889）、永豐金（2890）、中信金（2891）。

在民營銀行裡，最受存股族喜歡的第一名可說是玉山金，它的獲利向來不錯，加上同時發放「股票股利」（也就是「除權」），以及「現金股利」（也就是「除息」）。想要領股票股利的人，可以選擇玉山金。

03 聰明存金融股

　　台灣的存股族非常喜歡金融股，因股價波動不大、每年配發的殖利率很好，而且大到不會倒。就算某家銀行或金控有一天忽然爆發金融危機，政府在保護民眾資產的原則下，會想方設法解決問題，確實是可以買來長期存股的好標的。

　　然而，即使是存金融股也要聰明存，依照不同的經濟及景氣環境，要存不同的金融股，放大獲利。待我說明金融股的特性，各位清楚了以後，就知道要如何挑選金融股。

　　❶ 以銀行為主的金控股：官股銀行、官股金控，以及民營金控銀行，如玉山金、台新金、永豐金、中信金。這類公司的股價比較平穩。

　　❷ 壽險與銀行並重：國泰金、富邦金。

❸ 壽險股為主：新光金。

❹ 證券、票券為主：元大金、國票金。

了解每家銀行和金控的主要業務後，就能依照經濟環境來挑選金融股。2020 年美國聯準會的 QE，在市場大撒錢，活絡股市。降息，對以銀行為主要業務的銀行、金控就不好，這也是為什麼 2020 年玉山金、台新金等銀行的獲利比前一年差。

降息對壽險、證券為主的金控較好，主要是投資績效的攀升。所以，國泰金、富邦金的獲利不斷創新高，股價也節節高升，更創下數十年來的新高。可以得知，降息時要買以證券、壽險為主要業務的金融股。

相反的，2021 年下半年美國聯準會準備升息，雖然還沒確定時程表，但市場預期一定會升息。在升息的時候，利率會往上升，對銀行為主的金融股獲利就會有很大的助益。

金融股代表：富邦金、兆豐金

既然金融股配息穩定，也都大到不會倒，若是能夠買到股

表 5-1 個股精選（至 2021 年 8 月底）

代碼	商品	成交	股本	盈餘	ROE（％）	PE（市盈率）	現金股利	現金＋股票股利＋	殖利率	現金殖利率
2880	華南金	20.90	1285.48	0.41	4.77	16.33	0.27	0.53	2.54	1.29
2881	富邦金	78.10	1180.50	3.34	10.80	5.68	3.00	4.00	5.12	3.84
2882	國泰金	59.20	1306.92	2.30	10.16	5.84	2.50	2.50	4.22	4.22
2884	玉山金	26.25	1335.46	0.40	5.48	17.74	0.61	1.22	4.65	2.32
2886	兆豐金	32.45	1359.98	0.46	5.88	16.81	1.58	1.58	4.87	4.87
2889	國票金	16.00	289.65	0.32	5.90	11.43	0.65	1.00	6.25	4.06
2890	永豐金	14.00	1127.11	0.37	5.37	10.37	0.70	0.70	5.00	5.00
2891	中信金	22.85	1949.70	0.70	8.02	7.80	1.05	1.05	4.60	4.60
2892	第一金	22.55	1296.42	0.46	4.85	15.24	0.90	1.00	4.43	3.99

價波動大的，不是更好嗎？

　　依照過去統計，金融股的金控中，以富邦金的波動最大；而官股銀行裡，兆豐金最穩。

　　富邦金有壽險（富邦人壽僅次於國泰人壽）、銀行、證券公司（富邦證券是台灣第三大），在台灣的金融版圖市占率很大，而且是集團，旗下有台哥大、富邦媒（MOMO）等獲利不錯的上市櫃公司。台灣有不少退休族喜歡存兆豐金，股價穩

定、波動小，買了可以很安心。

　　當你確定要存某一檔股票後，最好能固定且持續的存，不要一直換股。存股要越簡單越好。只要每個月或每一季記錄一次左頁表資訊，看一下公司的變化就行了，這些資訊在看盤軟體及網站都查得到。

04　存股技巧大公開

存股的「存」，意味著當你有一筆資金時，就放進股票裡。這筆資金可大可小，可以小到每月幾千元，就能買零股，我建議有兩種存股方式。

不用動腦的方式

如同定期定額買基金的概念，每個月在固定時間扣款買股票。現在券商提供的系統就有「定期定額」買零股，當然，資金夠的人可以買整股。選股概念如我上面所說的幾個條件，最好再加上近十年都有配息，且殖利率大於 4%。

證交所每個月都會統計台灣定期定額交易戶排名，第一名是台積電（2330），前 20 名裡有 11 家是金融股，另外還包括鴻海（2317）、聯發科（2454）、潤泰新（9945）、台泥（1101）、亞泥（1102）等。ETF 以元大台灣 50（0050）、元大台灣高股息（0056）、富邦台 50（006208）為前三名。

很多券商為了鼓勵民眾定時定額買零股，會提供手續費優惠，有些最低手續費只收 1 元。可以去找條件最好的券商開戶，定期定額買零股。

存股動動腦的方式

找波動大的股票買進，低接賺資本利得，平常放著賺股利。作法有兩個：

❶ 每月扣固定的金額到銀行帳戶，最簡單的是在發薪水的那一天，將錢撥到銀行帳戶。

❷ 運用布林通道（B-Band）的月線聰明買。股價在通道的不同位置，買進不同倍數。

表 5-2 110 年 10 月定期定額交易戶數統計排行月報表

	股票			ETF		
	代號	名稱	交易戶數	代號	名稱	交易戶數
1	2330	台積電	48,228	50	元大台灣 50	117,314
2	2886	兆豐金	20,704	56	元大高股息	97,125
3	2884	玉山金	16,436	6208	富邦台 50	47,585
4	2412	中華電	8,509	692	富邦公司治理	27,421
5	2892	第一金	7,759	878	國泰永續高股息	27,299
6	5880	合庫金	7,262	881	國泰台灣 5G+	21,004
7	2891	中信金	6,273	850	元大臺灣 ESG 永續	12,488
8	1101	台泥	6,097	885	富邦越南	7,053
9	2317	鴻海	5,539	893	國泰智能電動車	6,668
10	2885	元大金	5,089	6205	富邦上証	6,132
11	2308	台達電	4,490	52	富邦科技	5,371
12	2887	台新金	4,400	646	元大 S&P500	5,072
13	2882	國泰金	3,800	701	國泰股利精選 30	4,766
14	9945	潤泰新	3,437	712	FH 富時不動產	4,299
15	2881	富邦金	3,436	662	富邦 NASDAQ	4,111
16	2890	永豐金	3,161	730	富邦臺灣優質高息	4,011
17	2454	聯發科	3,089	891	中信關鍵半導體	3,373
18	2002	中鋼	3,044	876	元大未來關鍵科技	3,335
19	2883	開發金	2,872	717	富邦美國特別股	2,656
20	1102	亞泥	2,656	892	富邦台灣半導體	2,623

資料來源：證交所（https://www.twse.com.tw/zh/page/ETF/rank.html）

表 5-3 定期定額買零股參考

券商	專案	最低手續費	可投資標的	投資最低門檻	
玉山	股票 e 指存	1 元	149 檔個股、165 檔 ETF	1,000 元	5、10、15、20、25
國泰	定期定額	1 元	78 檔個股、67 檔 ETF	1,000 元	6、16、26
元富	小資零股	1 元	所有上市櫃個股、ETF	1,000 元	可任選
永豐金	豐存股	1 元	87 檔個股、31 檔 ETF	3,000 元	6、16、26
凱基	定期定額	5 元	200 檔個股、20 檔 ETF	3,000 元	3、13、23
群益	定期定額	20 元	42 檔個股、9 檔 ETF	3,000 元	5、15、25
華南永昌	定期定額	1 元	12 檔個股、45 檔 ETF	3,000 元	8、18、28
元大	定期定額	1 元	16 檔個股、11 檔 ETF	1,000 元	6、16、26
富邦	定期定額	1 元	27 檔 ETF	1,000 元	6、16、26

資料來源：2020 年 12 月《今周刊》報導

　　我先來說明什麼是「布林通道」？在看盤軟體裡設定布林通道，會出現三條線。它是依照統計學的常態分配：事情主要會發生在 95％的中間，左邊的 2.5％和右邊的 2.5％是異常發生的。

　　在股價上來說，是指一家公司的股票，從上市到現在，95％的機率股價會在布林通道裡面，如果超過布林通道的上緣，代表股價太高；如果掉到下緣，就是太低了。異常發生的

狀況，最後還是會回到正軌。

　　布林通道的中間有一條線，一般會設定在「20」的平均線（20 均）。當股價在這條線的上方，代表股價偏貴；下方，代表股價便宜。運用在定期定額買零股，而且聰明買零股，就能放大獲利。

Notes

案例：富邦金（2881）

以富邦金舉例說明。假設你每個月有 5,000 元資金可以存股，可以用下面三個方法買進。

❶ 當股價在布林通道中線之上（股價較貴），少買一點，買二分之一，也就 2,500 元。將剩下的 2,500 元存在原本的銀行帳戶。

❷ 在中線以下（股價較便宜）買兩倍：10,000 元。

❸ 在布林通道的下緣就買三倍（股價超級便宜）：15,000 元。

存股的原則是：有紀律的扣款，不管股價是高是低，每個月都要買。有些讀者會問我，能不能只挑股價在布林通道中線以下，或是下緣再買進？它的巧妙之處就在於，股價有五分之三的時間在布林通道中線以上，而且不確定在中線以上的時間會多久。在配息的時候，你手中要有股票，所以，每個月還是要有紀律的買進。

出場時機

Column

當股價來到布林通道上緣，且配息的那個月，就會是波段高點，在這個時候賣出。存股還是要有高檔獲利了結的觀念，當你把股票賣掉後，並不是把錢拿去花掉，而是等待下一個進場點。因為在高點賣出，才有錢在低點買進。

股價不一定在每年配息的時候，都會在布林通道上緣，以富邦金來說，2019、2020 年的股價在中線以下，沒有賣出訊號。所以，可能好幾年才會遇到一次賣出機會。

我自己實際操作從 2006 年 12 月到 2021 年 9 月，每個月的第一個月開盤日買進富邦金 5,000 元。依照布林通道中線以上、以下、下緣等三種買法，總共投入成本 337,500 元，市值＋股利為 675,760 元，報酬率達 200％。

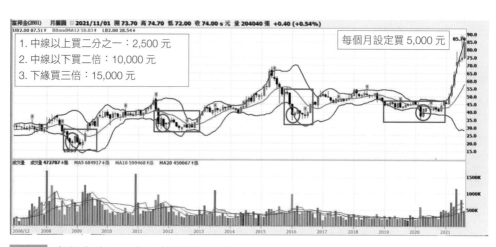

富邦金(2881) 月線圖 ■ 2021/11/01 開 73.70 高 74.70 低 72.00 收 74.00 s 元 量 204040 張 +0.40 (+0.54%)
UB2.00 87.51↑ BBandMA12 58.03↑ LB2.00 28.54↓

1. 中線以上買二分之一：2,500 元
2. 中線以下買二倍：10,000 元
3. 下緣買三倍：15,000 元

每個月設定買 5,000 元

成交量 成交量 472787↑張 MA5 684917↑張 MA10 599468↑張 MA20 450067↑張

圖 5-1 富邦金（2881）布林通道存股法

案例：兆豐金（2886）

以兆豐金來說，同樣從 2006 年 12 月到 2021 年 9 月，每個月的第一個月開盤日買進 5000 元。依照布林通道中線以上、以下、下緣等三種買法，總共投入成本 235,000 元，市值＋股利為 704,007 元，報酬率達 300％。

兆豐金報酬好，是因為 2020 年 4 月到 2020 年 3 月，有九個月在布林通道中線以下，花二倍的金額，也就是每月投入 10,000 元，再加上股價便宜，能買到更多股數，就創造如此豐厚的績效。

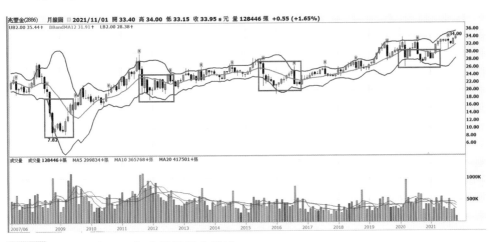

圖 5-2 兆豐金（2886）布林通道存股法

05 0050 存股法：收息兼賺價差

　　元大台灣 50 （0050）是台灣第一檔 ETF，由元大投信於 2003 年推出，買進標的是台灣前 50 大市值公司，也是目前台灣人最喜歡存的 ETF 第一名。0050 每一季會調整持股，代表它會根據台股做相對應的變動。所以不會倒，甚至可以說，0050 比台積電、金融股等還要穩。

　　目前 0050 前五大持股是：台積電，權重占 48％、聯發科 4.67％、鴻海 4.34％、聯電 2.33％、富邦金 2.06％，其他包括：台達電、台塑四寶、中鋼等。2021 年航運股的股價大漲，長榮、陽明、萬海市值擠進台灣前 50 大，在 6 月的調整持股時也納入 0050。

　　如果不小心 0050 買在相對高點，最後都會解套，因為人

類的經濟都是持續往上發展，0050 的股價會一直往上，可以不用停損，除非有急用，必須要賣出。

　為何 0050 能夠存股呢？因為每年都會有穩定的配息，歷年平均殖利率約為 3% 至 4%，很適合長期投資。在 2019 年，改為每年配息二次。

　0050 可以無腦買，也可以聰明買。要怎麼聰明買？可以利用 KD 技術指標進出。當日 KD 交叉向上時買進，日 KD 交叉向下時賣出。

　再積極一點操作的人，當 KD 在低檔（最好在 30 以下，或是 50 以下也可以），再配合 MACD 為綠棒買進，勝率更大。此時，還可用個股期貨放大獲利。個股期的優點是資金只要 13.5%，因此，能放大槓桿。但要記得，放足保證金，因波動也比較大，還要留意結算日問題。

　下頁圖 5-3 是 0050 在 2020 年 12 月到 2021 年的日線，可以看到 0050 會上下波動，而且幅度不小。搭配 KD 技術指標，當 K 值大於 D 值、交叉向上時，會有上漲行情，可以買進；當 K 值小於 D 值、交叉向下，可以賣出。

圖 5-3　元大台灣 50（0050）聰明買

　　利用這麼簡單的指標「低買、高出」，在多頭的時候，獲利四至五成沒有問題。更棒的是，這一套方法在空頭的時候也可以操作，報酬大約在 10％至 15％。

　　我做了一個統計表，從 2019 年 12 月 24 日到 2021 年 1 月 14 日，以 KD 技術指標進出，買賣價格都以收盤價來計算（最保守的計算），總報酬達到 42.1％。大盤指數在這段時間只上漲了 22.8％，無腦買 0050 完勝大盤。而如果買進後不賣，報酬高達 44.29％。

表 5-3 無腦買 0050 的總報酬率達 42.1%

		買 / 賣價	價差	報酬率	K 值	D 值	MACD	備註
買	2019/12/5	92.9			46.5	43.76	綠很久,縮減	
賣	2019/12/20	96.95	4.05	4.36%	86.53	88.19	紅	
買	2020/1/10	97.3			43.13		綠縮減	
賣	2020/1/30	95	-2.3	-2.36%	43.53	56.1	綠	
買	2020/3/4	89.2			27.67	25.44	綠	
賣	2020/3/9	86.8	-2.4	-2.69%	28.76	32.12	綠	跳空大跌
買	2020/3/20	74			17.2	14.7	綠	
賣	2020/4/20	83	9	12.16%	86.83	87.75	紅	
買	2020/4/28	82.55			59.2	59.17	紅	
賣	2020/5/6	83.5	0.5	0.60%	67.42	69.31	紅	
買	2020/5/11	85.05			74.58	70.56	紅	
賣	2020/5/12	84.05	-1	-1.18%	68.41	69.84	紅	跳空大跌
買	2020/5/26	84.45			55.84	46.86	綠	
賣	2020/6/11	89.05	4.6	5.45%	87.93	91.05	紅	
買	2020/6/23	89.45			56.72	56.38	綠	
賣	2020/7/16	96.1	6.65	7.43%	81.23	87.9	紅	
買	2020/7/22	98.95			86.49	84.31	綠	
賣	2020/7/24	98.5	-0.45	-0.45%	79.65	83.5	紅	
買	2020/8/10	105.6			63.04	57.27	紅	
賣	2020/8/12	103.25	-2.35	-2.23%	54.32	58.15	綠	跳空大跌
買	2020/8/17	105.6			66.66	60.05	綠	
賣	2020/8/19	104.25	-1.35	-1.28%	59.06	61.27	綠	
買	2020/8/25	103.9			60.36	56.65	綠	
賣	2020/8/31	101.8	-2.1	-2.02%	61.22	64.16	綠	

買	2020/9/10	103.25			43.47	39.26	綠
賣	2020/9/21	104.45	1.2	1.16%	69.51	71.56	綠
買	2020/9/30	103			36.4	33.25	綠
賣	2020/10/15	105.7	2.7	2.62%	76.92	78	紅
買	2020/11/3	104.6			32.06	29.35	綠
賣	2020/11/25	113.95	9.35	8.94%	82.6	85.43	紅
買	2020/12/3	115.4			63.03	61.29	綠
賣	2020/12/14	113.95	-1.45	-1.26%	77.69	81.22	紅
買	2020/12/24	118.8			61.54	60.43	綠
賣	2021/1/14	134.05	15.25	12.84%	77.69	81.22	紅
合計			39.9	42.10%			

Notes

PART 6

不可不知的資產配置

01 投資人必備的資產配置概念

當累積到一定的資產後，在投資理財上要做好資產配置，千萬不要將所有的資金放在同一個籃子裡。諾貝爾經濟學獎得主夏普（William Sharpe）曾說：「成功的投資 5％來自上帝保佑；10％來自於選股功力和時機；85％來自資產配置。」由此可知，資產配置的重要性。

全世界所有的投資機構，包含退休基金、主權基金、大型基金等，都會做資產配置，這才是投資的獲利關鍵。享譽世界的耶魯大學和哈佛大學基金會，更是貫徹資產配置，長期績效贏過美國標普 500（S&P500）。

不只機構，個人也要做好資產配置。很多人會問，要有多少錢才能做資產配置？在私人銀行的定義是 100 萬美元（約

2,700 多萬台幣），以台灣的國民所得來說，不用這麼嚴格，手中能自由運用的資金達到 1,000 萬元，就可以了。

依照不同年齡，資產配置的比重不同，可分為三個階段。

❶ 第一個階段是 25 歲至 44 歲，這是人生中最精華的工作時期，因為年輕，可以冒險，投資要積極，現金占 25%、債券占 15%、股票占 60%。

25至44歲

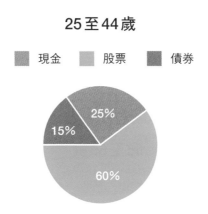

■ 現金　■ 股票　■ 債券

❷ 第二階段是 45 歲至 55 歲，偏向穩健。此時的工作收入接近頂峰，有家庭、房貸、車貸，現金提高到 35%、股票降低為 45%、債券多一點約 20%。

45至55歲

現金　股票　債券

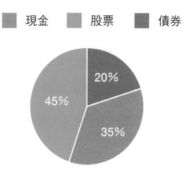

❸ 第三階段是 56 歲至 65 歲，此時邁入退休階段，投資理財要保守，現金占 45％、股票再降低一點，為 30％、債券提高到 25％。

56至65歲

現金　股票　債券

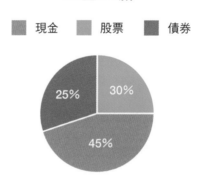

要怎麼做資產配置

主要可以分為四個部分：

❶ 現金。至少準備六個月生活所需。目前台灣最主要貨幣有台幣、美金、人民幣，現金可以包含這些日常生活用得到的貨幣，也可以配置少許日幣、歐元等，作為旅遊用。

❷ 股票：投資個股要研究基本面、技術面、籌碼面，也可以無腦買 0050。

❸ 債券：又分為投資級公司債及高收益公司債。

(1) 投資級公司債。被信用公司評等為 BBB 以上的優質企業公司債，如蘋果、微軟等績優企業的公債，以及台塑、台積電、鴻海等，年利率約 1.6％至 2.1％。

(2) 高收益公司債。被信用公司評等為 BBB 以下的企業，以石油公司、房地產公司等為主，如 2021 年爆發危機的恆大地產，他們發行的公司債利率約 7％至 8％，甚至高達 10％以上。高收益公司債的年利率為 5％至 6％。在台灣，比較難買到高收益公司債，大都是高收益債基金。不過，要特別留意，

配息可能包含本金。所以，配置不要太多，假設買 20％的債券，其中的 5％至 10％放在高收益債基金就可以。

為何要買債券？因為價格波動性較股票低，不過，報酬並不會比股票少。從下圖可知，1988 年至 2008 年，持有債券和股票的報酬率相仿，但是波動小得多。

若以十年做區隔，債券的報酬較其他資產來得更穩定，在 1980 年到 2010 年，維持在 7％至 11％。所以，根據亞洲財富

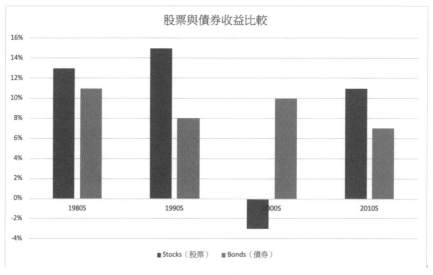

圖 6-1　股票與債券收益比較

報告，29.6％的富人認為，債券是必要的投資項目，在他們的
投資比重之中，債券長年維持在 20％左右。

表6-1 股票與債券收益比較

按10 年區隔的不同資產實際報酬率				
	1980S	1990S	2000S	2010S
Stocks（股票）	13%	15%	-3%	11%
Bonds（債券）	11%	8%	10%	7%
Commodities（商品）	5%	1%	3%	-12%
Gold（黃金）	-8%	-6%	12%	0%

❹ 保險：分為兩種：壽險，包含死亡險、醫療險、意外險
  等；產險，包括房屋、車子等。根據保險公司的要求，
  投保金額不要超過年所得的一成，如年收入 100 萬，一
  年保費約 10 萬元。

依景氣循環調整資產配置

資產配置還要依據景氣循環，調整股票和債券的比例。根

據歷史經驗分析，每 10 年到 15 年會有經濟科技革命；每三年到五年會有景氣周期循環。

當景氣衰退時，股票的比重少一點，大約二成，債券提高到八成；景氣來到盤整時，股債比為六比四；當你觀察到經濟要開始復甦的時候，多一點股票，少一點債券，約八比二。

景氣過熱時，股票少買一點、債券多放一點，約四比六；而在景氣降溫時，要拉高債券的比例到八，股票為二。

不知如何觀察景氣，有一個很好用的訊號，也是台灣獨有的。主計處每個月會公布一次「景氣燈號」，以五種不同燈號代表不同的景氣狀況。「綠燈」表示當前景氣穩定、「紅燈」表示景氣熱絡、「藍燈」是景氣低迷「黃紅燈」及「黃藍燈」為注意性燈號，要密切觀察景氣是否轉向。

長期投資的奧義

最後，說明一個很重要的觀念，將資產擴大的方法，除了掌握現金流，還要將拿到的利息再投入，如拿到債息或股息

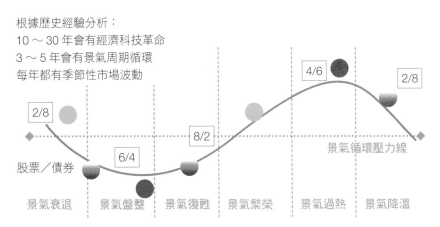

根據歷史經驗分析：
10～30年會有經濟科技革命
3～5年會有景氣週期循環
每年都有季節性市場波動

2/8

4/6

2/8

8/2

6/4

景氣循環壓力線

股票／債券

景氣衰退　景氣盤整　景氣復甦　景氣繁榮　景氣過熱　景氣降溫

圖6-2　景氣循環與股票、債券比

時，再轉投資，例如買 ETF、股票，或是特別股等，才能達到複利效果。

　　此外，還要保持有活水的長期投資。這裡的「長期投資」指的是 10 年以上，以平常用不到的資金，作為長期配置。用這筆資金買進股票、債券、ETF 等，因為是用不到的資金，不怕短套，更不會影響到生活品質。

　　長期投資的優點是：不用選擇市場及買入時間。可以用定期定額買入，或是有一筆資金時整筆投入，如領到年終獎金、紅利等。長期來說，人類的經濟活動都是往上走的，投資在未

來的獲勝機率是高的。以元大台灣 50（0050）為例，只要長期、固定投資，買了以後不要管它，放長期，一定是獲利的。

　　人為什麼要投資？投資理財的目的是要實現「二多一少」：錢要越理越多，時間要越來越多，煩惱要越來越少。

國家圖書館出版品預行編目 (CIP) 資料

最強散戶翻身買股術：從 10 萬到 1 億的籌碼必修
　課 / 麥克連著 . -- 初版 . -- 臺北市：今周刊出版
社股份有限公司 , 2021.12
　336 面 ; 17×23 公分 . -- (投資贏家系列 ; 56)

ISBN 978-626-7014-32-5(平裝)

1. 股票投資 2. 投資技術 3. 投資分析

563.53　　　　　　　　　　　　　110020677

投資贏家系列 56

最強散戶翻身買股術
從 10 萬到 1 億的籌碼必修課

作　　　者	麥克連
副總編輯	鍾宜君
文字協力	彭蕙珍
行銷經理	胡弘一
行銷企劃	林律涵
封面設計	林木木
內文排版	薛美惠
校　　　對	呂佳真

出 版 者	今周刊出版社股份有限公司
發 行 人	梁永煌
社　　　長	謝春滿
副總經理	吳幸芳
副 總 監	陳姵蒨

地　　　址	104408 台北市中山區南京東路一段 96 號 8 樓
電　　　話	886-2-2581-6196
傳　　　真	886-2-2531-6438
讀者專線	886-2-2581-6196 轉 1
劃撥帳號	19865054
戶　　　名	今周刊出版社股份有限公司
網　　　址	www.businesstoday.com.tw

總 經 銷	大和書報股份有限公司
製版印刷	緯峰印刷股份有限公司
初版一刷	2021 年 12 月
定　　　價	420 元